SNSで2年で4億稼いだ儲かる会社の集客論

SOCIAL NETWORKING SERVICE

スマホ1台・無料で始めるSNSマーケティング

株式会社SYK 代表取締役
喜多野修次［著］ Shuji Kitano
山﨑弘章［監修］ Hiroaki Yamasaki

ぱる出版

はじめに

「あなたのやってるその仕事、今度の休日にウチに来てちょっとやってくれない？　お礼にご飯おごるからさ」

友だちにこう言われて、どう感じるでしょうか。

「お、いいね。焼肉ね！」とＯＫするでしょうか。
「ご飯だけじゃイヤだな。お金をくれないと」と不満に思うでしょうか。
「おごってもらうなんて恐れ多い。タダでやります」と返事するでしょうか。

恐らく、３つ目の反応をする人はごく稀《まれ》です。働いてお金をもらっている以上、人は何かのプロフェッショナルです。大事な休日をつぶしてそのスキルを提供するのに、タダでいいなんて思わないはずです。

これがそのまま、本書のテーマである「独立してフリーランス・経営者になっても稼げる」という真実を表しています。いま、あなたが持っているスキル・知識・経験はお金に換えることができます。友だちがおごってくれるなら、同様にお金を払ってくれる人は必ずいます。

ではなぜ、ビジネスで稼ぐことが難しいと感じるのでしょうか。

自分だけの力で稼ぐのは難しいから？
それが理由にならないことは先にお話ししたとおりです。
ライバルが多いから？
それは会社員でも同じです。競合他社はたくさんいます。

この本を手に取ってくださった人のなかには、会社員の方もいれば、経営者・フリーランスとして働いている方もいると思います。そのどちらにも共通するのが「毎月ちゃんと安定して稼いでいくことができるのか」といった不安です。

もちろん、金額の大小はあります。会社員がフリーになっていきなり生活を成り立たせるほど稼ぐのは難しいかもしれません。フリーになってある程度は稼げても、毎月ギリギリだという人もいるでしょう。


ここで、「稼いでいる経営者・フリーランス」を考えてみましょう。業界トップの有名人というのではなく、普通に仕事して、毎月普通に稼いでいる人です。会社員に比べて時間的自由もあって、楽しく暮らしているように見える人です。みなさんの周りにも、誰かいるのではないでしょうか。

彼らとあなたは何が違うでしょうか。


売る商品やサービスの質でしょうか。彼らはそんなにすごいものを売っているのでしょうか。

彼らは営業が天才的に上手なのでしょうか。恐れ知らずにガンガン営業をかけて仕事を取りまくって来る、強い心臓の持ち主なのでしょうか。

そうした人たちもなかにはいるでしょうが、多くの場合、そんなことはないと思います。ビジネスの世界に「天才」は存在しません。

安定して稼げる起業家と稼げない起業家の違いは何か。本書を通してそのことをお話ししていくわけですが、**ひと言でいえば「稼ぐ方法を知っているか、知っていないか」です。**

当たり前のことをいっているようですが、会社であれ、フリーランスであれ、経営者であれビジネスのルールは誰にも共通です。うまくいく人はうまくいくやり方を実践しているのであり、うまくいかない人はその逆です。

うまくいくやり方があるなら、コピーすればいい。特にビジネスの規模の小さなフリーランスは不確定要素が少なく、汎用性が高いといえます。

起業家が安定して稼ぐための具体的な方法が、「SNSマーケティング」です。私はこの手法で、借金450万円から、起業して2年間で累計4億円を稼ぐまで成長できました。スタッフや弊社が運営するスクールのクライアントさんにも同様のノウハウを実践してもらい、確実に結果を出すことができています。

先ほどお話ししたように、誰もがある程度の品質の商品やサービスを提供することができます。必要最低限の需要を満たせないのであればまずいですが、それなりの価値提供ができれば、お金を払ってくれる人はいます。

後は、自分をどれだけの人に知ってもらい、興味を持ってもらい、買いたいと思ってもらうかです。そのためのツールとして、**ＳＮＳは無限の可能性を持っています。しかも無料で、スマホ１台で、スキマ時間にできます。**

本書で紹介するノウハウは、われわれ株式会社ＳＹＫが過去に行なってきた分析や調査の結果、作り上げたものです。表記しているデータや数的根拠は、累計数百のアカウントを管理し、何千にも及ぶ投稿を繰り返し、そのすべての結果を分析して組み上げた結果です。**「現場で即使えるＳＮＳマーケティング」**がわれわれの最大の強みです。

そして、これらがわれわれが実践ＳＮＳ業界で№１と言われている所以です。

これからみなさんに読んでいただくのは、決して「理論だけのお勉強本」ではありません。ビジネスの現場にずっと耐え続けている、**「実証に基づいたノウハウ」**です。

細かな説明は本文に譲ります。

ここまで読んで、少しでもわくわくしたのであれば、読み進めてみてください。

わくわくしないのであれば、きっと、起業家として稼ぎたいと本気では思っていないのでしょう。

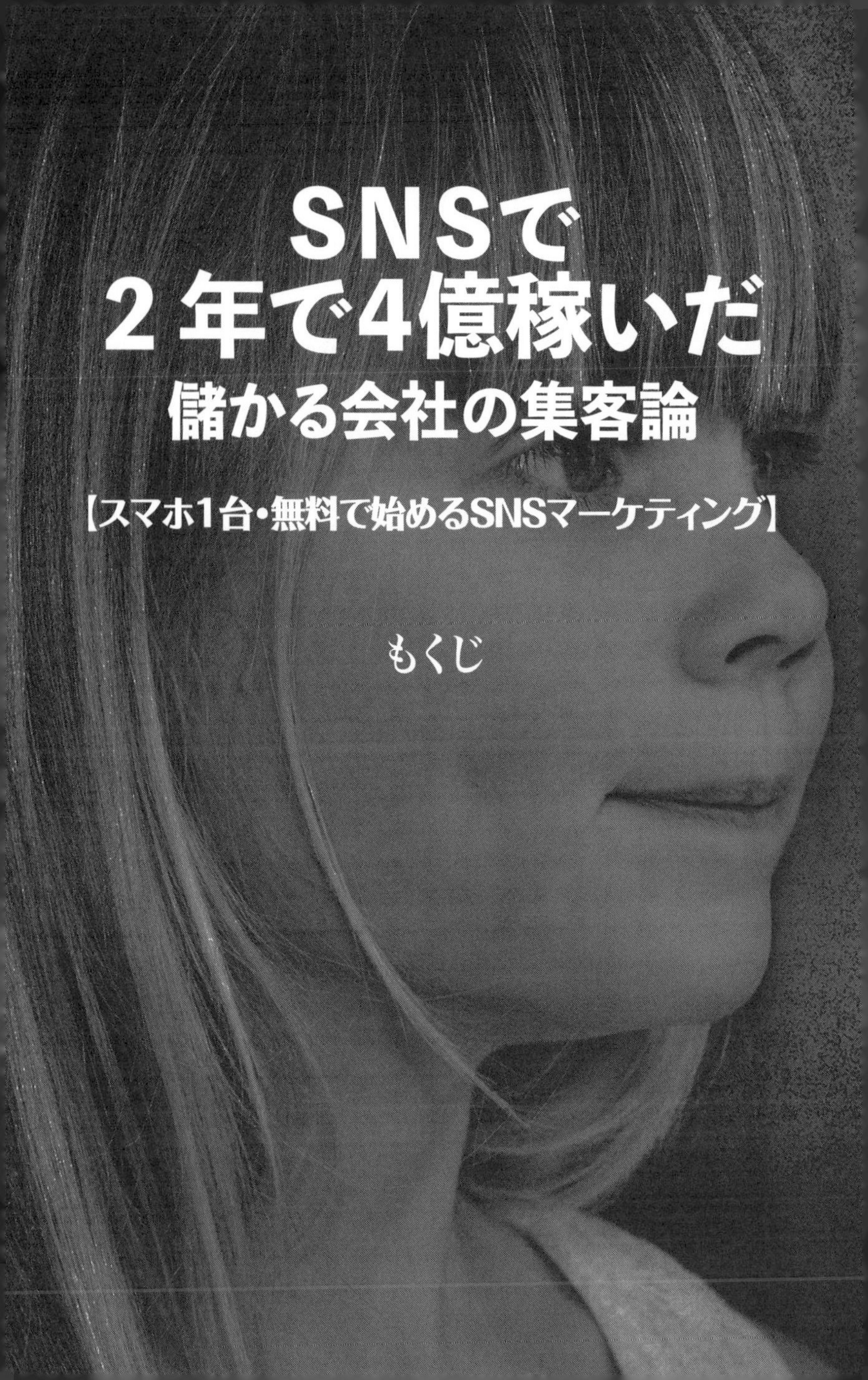

SNSで
2年で4億稼いだ
儲かる会社の集客論

【スマホ1台・無料で始めるSNSマーケティング】

もくじ

第1章
「年商1億円」はそんなに難しくない

第2章
SNS×マーケティング×心理学

第3章 4カ月でノウハウをマスターする

第4章 InstagramとTwitterで人を集める

第5章 YouTubeで「ブランディング」と「教育」

第6章

LINE公式アカウントで結果を生み出す

第7章

理想のライフスタイルにたどり着く

第8章

不安を打ち消すマインドセット

第1章

起業1年目で

「年商1億円」はそんなに難しくない

自分の得意分野で1000円稼ぐ

あなたは会社を離れてお金を稼ぐことができますか？

副業・起業して働いたりしたことがない人は、こう質問されても、とても難しく感じると思います。

しかし、多くの人にとって、自分の力でお金を稼ぐということは、そんなに難しくはありません。誰でも自分なりの得意分野があると思います。会社でやっている専門的な仕事、お金をもらってはいなくても、趣味や好きなこと、得意なことはあるでしょう。掃除や料理が得意なのであれば、お金を払ってでもお願いしたいという人はたくさんいます。

そうした代行業務だけではなく、「教える」ことでもお金を稼ぐことができます。

弊社のクライアントに、以前広告会社で働いていた者がいます。広告会社在職中に広告の知識をフリーランス・経営者の人たちに向けて教える副業を始め、月商170万円ほどに到達しました。そこで会社を辞めて独立。

いま、「教える」ビジネスはとても需要が高くなっています。そう聞くと「自分に教えられることでお金をもらうなんて恐れ多い」「自分のレベルでお金になるのか」と感じる人もいると思います。

教えることには高いスキルや能力が必要なように感じますが、何もその道の一流である必要はありません。たとえば、本田圭佑さんがサッカー教室を開けば、そこで習う人はトップレベルの教えを得ることができると思います。しかし、世の中すべての人がそれほど上手になりたいわけではありません。サッカーであれば小学生に教えることでもお金は稼げます。

ビジネスで使える英会話を習いたい人もいれば、空いた時間に趣味程度に習いたいという方もいます。超高級中華料理店でご飯を食べる人もいれば、街の中華屋さんが好きな人もいます。それぞれのレベルに合わせた需要があり、適切なところに自分のスキルを当てはめれば、お金を稼ぐことができるのです。

もちろん、いま会社員として働いている人が、いきなり会社を辞めて同じ水準の収入を得ることは難しいかもしれません。でも、金額の多少はあれ、稼ぐことはできる。自分の得意な分野で1000円稼ぐ。そう考えると、そんなに難しくはないことがわかるのではないでしょうか。

「たった1000円だけ稼いだって仕方ない」

確かにそうだと思います。しかし、少なくとも自分のやることに対してお金を払ってくれる人がいるのであれば、それを大きく育てていくことはできます。確実かつ安全に自分の力をお金に換えていく方法を、本書ではお話ししていきます。まずは、「自分は1人でお金を稼ぐことなんてできない」という先入観を捨ててください。

「共感」がビジネスのキーワード

先ほど「教える」ビジネスの需要が高まっているとお話ししたように、いまは物理的なモノを売るよりも、自分の持っているスキルやノウハウを提供することで対価を得るビジネスのほうが、個人としては有利になっていると感じます。

われわれのスクールのクライアントさんにも、メンタルコーチ、コミュニケーションコーチ、集客コンサルタント、商品設計コンサルタント、ブランディングコンサルタントなど、「自分を売る」ビジネスをしている方が多くなっています。

なぜこうしたビジネスが有利かと考えると、1つは費用面です。店舗型のビジネスであれば家賃がかかりますし、初期費用も高額です。ネットで完結するビジネスでも、物販であれば仕入費用や在庫の保管にかかる費用があります。

塾生さんのなかには店舗型のビジネスをされる方もいますが、施術やセラピストさんが多くなっています。在庫を抱えるわけではありませんし、自分1人でできることなので、固定費は最小限です。

そしてもう1つ。消費者が求めるものが変わっているということもあります。

これからのビジネスにおいて最も重要な概念の1つといえるのが「共感」です。

いま、生活に必要なものは、みんなだいたい持っています。テレビ・エアコン・洗濯機・冷蔵庫といった家電製品。ひととおりの家具。その機能に大きな不足はありません。よほどの粗悪品でない限り、しっかりと役目を果たしてくれます。

これは、モノの価値が均質化しているということでもあります。つまり、消費者にとって「これ」を選ぶ理由がありません。そのなかで何を基準に選ぶかといえば、商品の背景にあるストーリーです。

たとえば無添加の野菜が体にいいことはみんな知っています。しかし、そうした商品もすでに世の中にはあふれています。そこに売る人、作る人のストーリーや開発エピソードが加わることで共感が生まれます。売る人が「自分の子どもはアトピーがひどかったけれど、無添加の野菜を選ぶようにしたら良くなった」と話すのを聞けば、この野菜を買おうという気持ちになるのではないでしょうか。

作る人のストーリーでよくいわれるのは、iPhoneやダイソンの掃除機です。スティーブ・ジョブズやジェームズ・ダイソンは、とにかく自分の欲しいものを追求しました。他人が求めるかどうかは二の次。まずは自分が心底満足するものを作る。そうして試行錯誤を繰り返し、イノベーションを生み出しました。消費者はそのストーリーに共感することで、比較的高額なものであっても購入します。

私たちもそうした商品開発をできればいいのかもしれませんが、簡単なことではありません。個人が勝負しやすいのは、自分のスキルやノウハウを売る分野です。

「自分を売る」ビジネスであれば、過去の経験がそのまま「作る人」「売る人」のストーリーになります。コンサルタントであれば、「会社員で働いているときにこんな課題を感じて独立した」といった起業のエピソード。「過去にこんな失敗を乗り越えてきた」といった失敗談。美容師であれば、厳しい修業時代の話。誰もが自分だけのストーリーを持っています。

もちろん商品やサービスの質がある程度のレベルに達していることが前提ですが、そこに「自分」をつけ加えることで、オリジナルな価値となるのです。

組織より個人のほうが有利

このように、「個人」をクローズアップするほうが、共感を演出しやすいといえます。であれば、現代のビジネスで有利なのは会社員ではなくフリーランスです。

それに、すでに社会は組織単位での働き方を否定し始めています。

2020年現在、新型コロナウイルスの感染拡大が、ビジネスの在り方そのものを変えようとしています。以前から在宅勤務やリモートワークが推奨されてはいましたが、IT系など一部の企業の取り組みに過ぎず、一般的には実現可能性は低いと考える人のほうが多かったと思います。

それが新型コロナウイルスによって、各企業はリモートワークを余儀なくされることになりました。「本当にできるのだろうか」と、みんな半信半疑でスタートしましたが、「やってみたら意外とできるもんだね」と感じた人が大半だと思います。

その流れを突き詰めていくと、時間や場所に縛られない働き方が見えてきます。自分の都合のいい時間に、好きな場所で仕事ができる。そうなると、会社員が組織に提供すべきなのは、「時間」ではなく能力やスキルそのものになります。つまり、1日8時間働くだけでは、会社に対して価値提供できなくなっているということです。

これからスタンダードになってくるのは、自分の能力の上澄みを短時間で提供する働き方です。組織にとっても、同等以上の生産性があるならば、8時間分の給料を払うより、短時間でも結果を出す人に働いてもらったほうがいい。社員を雇うより、業務委託やフリーランスに頼むほうが効率が良くなります。

従来の組織の役割は、たくさんの社員を囲い込んで効率的に生産することで利益を得る。そしてそれを社員に還元し、その生活を保障することでした。しかしこれからは、いろいろな人材が流動するハブ的な存在になるはずです。

何より起業は楽しい

考えてみれば、人間にとっての仕事とは、もともとフリーとしての働き方だったともいえます。農耕社会では、誰かがどこかの組織に属しているわけではなくて、それぞれ自由に仕事をしていました。家事の合間に仕事をして、仕事の合間に家事をしていた。もちろん1人ではできないので、田植えや稲刈りなど、必要なときだけみんなが集まります。

人間にとっての仕事は、生活の中にあった。そう考えると、時間や場所を拘束される会社員としての働き方のほうが不自然にも思えます。

それに、そもそも起業家としての働き方は楽しい。時間的自由もありますし、人間関係のしがらみも最小限です。すべて自分で判断することができます。ビジネスが安定してくれば経済的な自由を得ることもできます。

何より、自分の好きなことを仕事にできます。

会社員を否定するわけではありませんが、心底自分のやりたいことを仕事にできている人は少ないと思います。本当はやりたいことがほかにあるのに、安定収入のためにそれをあきらめている。そうした人には、「なんてもったいない」と言いたい。

自分の好きなことを通して誰かの役に立つことができる。それは大きなやりがいです。私がクライアントの方に「お陰で人生が変わりました」と初めて言われたとき、大きなやりがいを感じました。これこそが、仕事を通して得ることのできる最も貴重なものだと思います。ダイレクトにお客様の声を聞けるのは、個人で働くことの大きなメリットです。

ただ、必ずしも起業家になるべきだと言いたいわけではありません。会社員でも楽しく仕事をしている人はいますし、そういう人はやりがいも感じていると思います。自分が会社で働くことに疑問がないのであれば、会社員のままで問題ないと思います。あるいは、すでに起業して働いている人が会社員に戻りたいというのであれば、それもいい。

しかし、自分には会社員としての生き方しかないのだと決めつけてしまうのは、人生の損です。

「なぜ会社員でいるのか」を明確に言えるかどうかだと思います。「辞めると告げて上司にどう思われるかが気になる」「なんとなく組織にいなければ不安」。そうした考えで会社にいるのなら、独立すべきです。思考停止の状態で会社員を続けるのが最も危険です。

それならバイトのほうがいいのではないのでしょうか。バイトでは将来につながらないと思われるかもしれませんが、とりあえず生活の安心のためにバイトで働いて、その間に自分の得意なことで稼ぐ方法を考えればいい。会社員でいると、周囲には同僚がいます。毎日の仕事もあります。その場所にいることを間違いだとは感じづらく、次を考えることができないのです。

成長スピードが速い

起業家として働くことのメリットとしてもう1つ。会社員より成長が早いという点もあります。スキルも思考も、格段に向上していきます。

会社員として働いている以上、すべての人がそうだというわけではありませんが、組織に属していることへの安心感がどこかにあります。「自分が結果を出さなければ会社がつぶれる」という意識を持って働く人は稀だと思います。二日酔いで働いていても、それが会社全体の業績にダイレクトに影響することはありません。

しかし起業してッ独立すれば、自分の行動の結果がすべて自分に返ってきます。半日仕事をしなければ、半日分の売り上げが確実につぶれます。さらにどんな職業でもライバルが存在します。成長を続けなければ、すぐに追い抜かれていきます。いつでもビジネスのことを考え、改善を続けなければ食べていくことはできません。

このように、起業家であれば、とにかくやるしかありません。おのずと本気になり、責任感も強くなります。必死で努力を重ね、スキルや能力はどんどん高まっていきます。

やらなければいけない仕事の幅も大きく異なります。たとえば会社員として商品を作る仕事をしているのであれば、集客やブランディングは会社がやってくれるわけです。自分に与えられた専門分野さえやっていればいい。もっといえば、そこで結果を出さなくてもある程度はどうにかなります。

これが起業家であれば、自分で全部やらなければいけません。集客やブランディングはもちろん、商品（サービス）開発、セールス。入金管理や書類関係といったこまごまとした仕事。それらをこなしていくことで複合的にスキルが身につきます。さらにそのスキルを人に教えることでも稼ぐことができる、というおまけもつきます。

「スキルアップのために」と本を読む人が多いですが、それだけでは身につきません。行動して得たものでなければ、本当の意味での理解はできない。起業家になるということは、強制的にそうした環境を作ることでもあるのです。

副業からでも始められる

ここまで、起業しても稼げる、起業のほうが有利だとお話ししてきました。「そうか、だったら私も！」と飛び込むことができる人もいると思いますが、少数派だと思います。会社を辞めることはやっぱり不安でしょう。

であれば、まずは副業からでもいいので始めてみましょう。仕事の後や休日に始めて、少しずつ売り上げを上げていく。どこかで「これならいける」と思った段階で、会社を辞めればいいわけです。

本書でご説明する「ＳＮＳマーケティング」は、副業にも有利です。スキマ時間でもできますし、費用もかかりません。

小さなことからでもいいから、会社を離れて自分だけの力でお金を稼ぐという経験をしてみてほしいと思います。必ず大きな気づきを得るはずです。それで面白くないと思えば、続けなくても大丈夫。また別のことをやってみましょう。

それに、会社員として働き続けるのであっても、収入源は複数あったほうが安心です。これから、社会は否応なしに変わってきます。前述した消費者の嗜好の変化、日進月歩の技術発達。ただでさえビジネスの市場は不安定になっています。さらに新型コロナウイルスによって、その変化が加速しています。

混乱する社会の中で、耐え続けることのできる組織ばかりではありません。かつて安全だといわれていた大きな組織ほど危険です。変化に合わせてフットワーク軽く、柔軟に対応することができません。

会社そのものが存続するかどうかもわかりませんし、これも前述したとおり組織にとって社員を雇うことのメリットは少なくなり、リストラも増えていきます。もし職を失ったときに、自分や家族を守ることができるか。そこに不安があるのなら、いまのうちから備えておくべきです。

何を自分の仕事にするのか

副業にしても、起業にしても、「もし自分がするならこの仕事」と決まっている人もいれば、何を選べばいいのかわからないという人もいます。私たちのスクールの塾生さんでも、２割くらいの方は商品が決まっていない状態でスタートします。

自分のビジネスがまだ決まっていない場合は、３つの基準で考えましょう。「好きなこと」「教えられること」「需要があること」です。

好きなことがはっきりしていれば、それを軸に考えます。ただ、それもわからないという人は結構います。

まずはいろいろなことを経験してみましょう。何となく興味があるものをやってみる。料理、家事、手芸、絵画や楽器など、何でもいいと思います。「初心者がお金を稼げるようになるのか」と思われるかもしれませんが、いきなりスキルを求めなくても大丈夫です。まずは自分が情熱を持てることが大事です。そこさえクリアしていれば、スキルはおのずとついてきます。

いまはたいていのことを学ぶことができます。お料理教室や陶芸教室なども安価でありますし、セミナーやスクールでもいい。そこでまずは基本的なスキルを得て、自分の強みを混ぜ込むことでオリジナルとして販売することができます。このことについては、本書を通して詳しくお話しします。

そうしてある程度のスキルさえ身につけば、人に教えられるようになります。先ほどお話ししたように、それほど高いレベルでなくても問題ありません。やってみて楽しければそのまま続けましょう。楽しくないなら、次を探せばいい。

最後に、需要があること。極端な話ですが、「自分はタワシが好きだから、タワシコンサルタントとして稼ぎたい」といっても恐らく売れません。自分が好きで教えられることであっても、需要がなければビジネスにはならないわけです。

ここは少し難しいかもしれません。基準としては、ほかに成功しているモデルがいるかどうかです。ネット検索ですぐにわかります。「タワシ　コンサルタント」で検索して見つからないのであれば、「お掃除コンサルタント」というように、領域を広げるなどのアジャストも必要です。

自分の好きなことそのものではないので、最初は違和感があるかもしれません。しかし続けていくうちに、その仕事を好きになることもあります。

現実には、こんなに順調に決まることもないと思います。なかなか決まらない人は、こんなワークを試してみてください。

まずは「好きなこと」や幼少期に「〇〇が得意だよね」と言われたことを書き出してみる。そのなかで「教えられる」ことがないかを考えます。たとえば料理が得意なら料理教室、人の相談に乗ることが多かったのであれば、カウンセリング系です。

次に、そうした分野で成功している人がいるかどうかを調べます。成功している人がいるのであれば、そのビジネスに対して需要があるということです。これもインターネット検索で十分です。

あるいは、「やりたくないこと」を書き出すというやり方もあります。「満員電車に乗りたくない」「面倒な人間関係が嫌だ」「早起きしたくない」。そうすることで、どんな仕事をすればそのやりたくないことをやらずに済むかが見えてきます。つまり「好きな生活」のために仕事を選ぶ。そうして働くうちに、その仕事自体を好きになるということもあります。

そうして仕事を決めて、いったんスタートします。どこかで違和感があれば、もう一度考え直してみる。本人の納得感が大事です。のめり込めるものに出会ったら、自然とのめり込んでいくものです。

「好きなこと」と「稼げること」の違い

自分の好きなことでお金を稼ぐのは楽しいことではありますが、前述したとおり必ずしも需要があるとは限りません。そうしたときは、やはりあきらめるしかないのでしょうか。

「そんなことはない！」とお伝えしたいところですが、ある面では難しいところです。まず、好きなことをどれだけ極めてもまったくお金にならないというのであれば、やはり仕事の対象として考えることはできません。趣味として楽しみ、そのために別の仕事をする。そう割り切ることも必要です。

ではある程度稼げるけれども、大きな売り上げにはならないというのであればどう考えればいいのか。人それぞれですが、好きだけれどそれほど稼げない仕事と、好きではないけれど大きく稼げる仕事であれば、前者を選ぶべきだと思います。

後者の場合、稼ぐことはできてもどこかでつらくなってきます。第2章でもお話ししますが、仕事を通して得ることのできる最大のものはお金ではありません。「やりがい」です。それは好きな仕事を通してでなければ、得ることのできない種類のものだと思います。

ただ、だからといって生活ギリギリの稼ぎのままでは、それはそれでやはり厳しくなってきます。

そこで考えられるのが、複数のビジネスを持つことです。といってもいきなりは厳しいので、まずは1つ目の仕事を軌道に乗せる。そこでまだ収入が足りないなら、2つ目を始める、という考え方です。

1つのヒントになるのが、「代行業」か「教育業」かです。イラストが好きでイラストレーターとして働きたい。でもいきなりそんなに依頼は取れない。だから並行して人に教えるイラスト教室を開催する。

あるいは、好きな仕事のために、いったん別の展開を考えることもできます。たとえばカフェを経営したくても、初期費用が高くて実現できない。であれば出張販売やほかの店の間借りなどでビジネスをスタートして、費用を抑える。そこで資金を貯《た》めることもできるし、経験を積むこともできる。資金稼ぎのためにやりたくない仕事を頑張るよりは、よほど賢いやり方だと思います。

先ほど、どんなに好きなことであっても稼げないのなら仕事にはできないとお伝えしましたが、よほど変わったものでなければ、実際にはそんなことはないと思います。要は、その後に安定して収入が得られるかをみんな不安に思うわけです。しかし、ここでお話ししたように、どんな職業であっても可能性は大いにあるのです。

稼げないのは仕組みを知らないだけ

この本を読んでくださっているみなさんのなかには、すでに副業を始めていたり、起業して働いていたりする人もいると思います。そこで課題を感じているから、この本を手に取ってくださったのでしょう。やってみたけれど、思ったように売り上げが上がらない。あるいは、ある程度稼げるようになったけれど、長期間で考えたときに安定しない。

確かに、起業家になっても稼げない人はたくさんいます。そうすると、自分の提供するサービスや商品の価値が低いからだと思い、よりスキルを磨こうと考える人もいます。しかし、それは正しい努力の方向性ではありません。誰にも負けない一流のスキルを持たなければ稼げないというのなら、そこに到達するのはほんの一握りになってしまいます。

しかし実際はそうではありません。そこそこのスキルで稼いでいる人はいる。では何が違うのでしょうか。

私は大学を中退して、心理コーチとして仕事を始めました。当初は自分のサービスを求めている人がどれだけいるのか見当がつきませんでしたし、どうやって売っていけばいいかもわかりませんでした。実際、丸2年くらいはまともな売り上げが立ちませんでした。

それでもどうにかなると思ったのは、あるスクールに入ったときに、周囲にたくさんの成功例がいたことです。世の中にはフリーランスで1000万円、2000万円、3000万円稼ぐ人はゴロゴロいます。自分の周りにいないから知らないだけ。

そこまでの額ではなくても、自分の力で稼ぐということは決して難しいことではありません。もしそれが難しいのであれば、会社員だって難しいはずです。社員一人ひとりの生産性の総和が会社の売り上げになるわけですから。


起業初心者の人が稼げない原因の多くは、商品のレベルではなく、売り上げの上がる仕組みを知らないからです。ある程度の商品力を持っているけれど、お客様の集め方がわからない。売り方がわからない。この点さえ解決できれば、安定して稼ぐことができます。

もちろん年商1億円だって夢ではありません。

私がビジネスで初めてまともな売り上げを上げたのは、「数字」にフォーカスしたときでした。自分の考えや感覚ではなく、やってみた結果だけを根拠に考える。そうすれば事実に裏付けされたノウハウが構築できます。売り上げが下がっても、どこを改善すればいいのかがわかります。だから必要以上に焦ることも落ち込むこともありません。

ビジネス全体を見て「うまくいくかどうか」を考えるのではなく、一つひとつの結果にフォーカスして戦略を立てることが大事だとわかりました。本書を通して、弊社が1年で年商1億円を達成した、その方法をお伝えしていきます。

第2章

SNS×マーケティング×心理学

起業を考え始めたきっかけは両親の離婚

私が起業を考えるようになったきっかけが、母親の存在です。

両親は私が5歳の頃に離婚し、そこからは女手一つで育てられました。大きな不自由のない生活でしたが、私が7歳のとき、母が詐欺に遭ってしまいます。

そのときから、将来は社長になって母を助けてあげたいと考えるようになりました。もちろん起業や経営とは何かを理解していたわけではありません。漠然と「社長になってお金を稼ぎたい」という程度でした。当時は堀江貴文さんが話題になっていて、「社長ってかっこいいな」というイメージもありました。


私の出身は神奈川県。中学を卒業した後は横浜高校に通いました。野球の強い学校でしたが、野球をしていたわけではありません。進学コースに通っていましたが、特に偏差値が高いわけでもありません。特筆すべきところのない学生でした。

大学受験を考える頃になって、どうせならいちばん難しいところがいいということで、東京大学の法学部を受けました。起業したいという考えと矛盾していますが、正直なところ、大学選びと将来とを直結させて考えることはできていませんでした。

「高校の偏差値が低いからいい大学にいけない」ということを悔しく思い、それを見返してやろう、どうせならいちばん高い壁がいい、という単純な気持ちでした。

そうして東大法学部しか受験せずに、結果は不合格。1年の浪人の後に再度チャレンジしましたが不合格。さすがに2回目の浪人生活を受け入れることはできず、後期日程で横浜国立大学の経営学部を受けました。

こちらはめでたく合格。本命の大学ではありませんでしたが、これが人生で初めての成功体験だと思います。偏差値37からスタートして、70くらいの大学に受かった。私の高校では10年ぶりだったそうです。

浪人中、予備校では先生の言っていることを素直に聞くように意識しました。先生の教え方や扱っている内容に疑問があっても、まずは騙《だま》されたと思って聞く。

これは過去の失敗体験からです。

現役で東大を受けたときは、自分が良かれと思うやり方で勉強していました。自分でできるなら成功していたはずなのに、そうではなかった。だったらやり方を変えるしかないと考えたのです。

受験勉強を通して学んだいちばん大きなことは、インプットとアウトプットの重要性です。インプットはアウトプットを伴って初めて自分の身になります。10学んでも7しか覚えていなければ7以下の結果しか出ません。教えてもらったら、すぐに問題を解いてみる、声に出してみる。そうして自分のものにすることが大事です。

学びに対するこれらの意識は、ビジネスをするようになってからも生きています。知らないことは知っている人に聞いたほうが早い。いい動画があったらコメントする。ためになる本があったら要約する。学生時代に学んだ習慣がいまの自分を助けてくれていると感じます。

「願い続ければ叶《かな》う」を知る

私のビジネスのスタートは心理コーチとしての仕事でした。私が心理学にのめり込むようになったのも、両親に関係があります。

中学校3年生の頃、世の中では「潜在意識」に働きかけるアプローチ、いまでいう「引き寄せの法則」が流行《はや》っていました。当時大好きな女の子がいて、どうすれば振り向かせることができるのだろうとずっと考えていました。そんなとき、たまたま家に心理学の本が置いてありました。

「引き寄せの法則」と聞くと怪しく感じる人もいると思いますが、脳科学や心理学で解釈をすることができます。簡単にいえば、「人は強く願うことで、自然とその願いを叶えるように行動する」ということです。そうした一連の流れを理解してから、どんどんのめり込んでいきました。

好きな女の子のこともそうですが、当時のいちばんの願いは、両親とまた3人で一緒に暮らすこと。友だちが家族旅行に行ってきたというような話をしているのを聞くと、やっぱりうらやましく感じていました。

そうして「僕たちも家族仲良くいれたらいいのにな」と考えているうちに、願いが叶いました。なんと両親が元のさやに収まり再婚したのです。理由は詳しく聞いていませんが、別れた後も私のことなどで連絡は取りあっていたそうです。

私は母と住んでいましたが、父ともときどき会っていました。両親の前で、みんな一緒に暮らせないことを寂しがるような行動や発言をしていたのだと思います。

再婚してからの両親は、多少の喧嘩はするけれど、いたって普通の夫婦関係です。親子関係も特に悪いところはありません。願いがあるなら、それを望む態度を取ったり言葉にしたりすることで、現実は少しずつ変わるのです。

大学で学べることはなかった

一浪の末に大学に入って感じたのは、「ここでは何も学べない」ということでした。

いま振り返ればそんなことはなく、将来に役立つ勉強もどこかにはあったと思うのですが、当時はわくわくを一切感じませんでした。

あるとき先生に質問をしたことがあります。

「起業のために何が大事ですか？　将来のために何を勉強すればいいですか？」

答えは「会計の勉強をするといい」「ビジネスコンテストに出てみたら？」。間違ってはいないけれど、あまりにありきたりです。頑張って大学に入ったのに、こんなことしか教えてもらえないのかと、愕然《がくぜん》としました。

しかし、考えてみればその先生も会社経営をしたことがあるわけではありません。そもそも聞く相手を間違えていたわけです。そこからだんだんと大学に行かなくなりました。結局、2年目に退学しました。

大学に行かなければ就けない仕事、たとえば医者になりたいのであれば、医学部に行くべきです。あるいは、「絶対にこれを学びたい」という分野があり、それがこの大学のこの学科に行けば学べるとわかっているならば行ってもいい。しかし「なぜ大学に行くのか」を言語化できないのであれば、行く必要はないと思います。

学歴社会はいまでも根強く残っているという人もいますが、少なくとも経営、独立したときに大学を出ていないからといって不利に働くことはありません。結果がすべてです。無駄な時間を過ごすくらいなら、なるべく早くチャレンジするべきだと思います。それで失敗したとしても。チャレンジが早ければ早いほどやり直す時間はあります。

あるいは、チャレンジを通して自分が学ぶべきことが見えてくることもあります。それを大学で学べるなら、そのとき大学に行けばいいのではないでしょうか。

いずれにしろ、20代の失敗や遠回りなんて、後から振り返ってみればたいしたことはありません。むしろ後の人生の糧になる。そう実感している人も多いのではないでしょうか。

人生を変えたコーチとの出会い

私は映画がとても好きで、学生時代は年間100本観るほどでした。起業したいという気持ちと同時に「役者になりたいな」という思いもあり、大学在学中からオーディションを受けていました。いま思えばどっちつかずですが、当時はそのことに疑問を感じてはいませんでした。自分でいうのも何ですが、20歳の考えることなんてそんなものではないかと思います。

その頃YouTubeで、あるライフコーチの方を知りました。当時YouTubeで発信している人の多くは、お金儲《もう》けのことしか考えていないイメージがありましたが、彼からは仕事に対する熱意を感じました。クライアントを成功に導くことがいちばんの目的で、その対価としてお金をもらっている。ライフスタイルも理想的です。自分の好きなところで仕事をして、クライアントと旅行に行く。まさに「ストレスフリー」の人生を体現していました。

すごく魅力的に感じて、直接「会えませんか?」とメッセージを送りました。取りあってもらえないかもしれないと考えていましたが、OKの返事をいただきました。

そうして何度か「役者を目指しているけれど、自信がない」と相談しているとき、小さなオーディションに受かりました。急いでコーチに報告すると、喜んでもらえると思っていたのに、意外な反応でした。

「それは自分のやりたいことなの？　芸能界に入ってお金持ちになりたいという安直な考えじゃないのか？」

そこでハッと気づきました。彼の言うとおり、自分は見た目の華やかさにあこがれていただけなのかもしれない。大学の勉強に手応えを感じなかったことで、いつの間にか起業に対する熱も冷めてきていました。

このときまで、コーチは私が役者を目指していることに対して、咎（とが）めるようなことは言いませんでした。人が過ちを本当に理解するためには、そのタイミングがあるということを知っていたのだと思います。

そこから本当に自分のやりたいことは何だろうと1カ月間考えました。答えは、自分もコーチのようにお客様の役に立つ仕事をしたい、ということでした。その上で、好きなときに好きな場所で仕事ができて、安定収入を得ることができる。そんな方法がないかな、という理想像が見えてきました。

自分の行くべき道がわかったことで、大学を中退する決心がつきました。頑張って入った大学です。東大ほどではないにしろある程度のレベルで、就職するのにも有利です。反対する人もいましたが、特に抵抗は感じませんでした。誰かに言われて変わる程度の気持ちならどうせうまくいかない。少なくとも自分はそうではないのだと考えました。

大学を辞めて「なんちゃって起業」

こうして大学を辞めたものの、何をするかは決まっていませんでした。お客様の役に立つ仕事で起業したいと考えてはいても、具体的に何をどうすればいいかわかりません。

そこで考えたのが、心理コーチングです。もともと友人から人生相談や恋愛相談を受けることが多く、そこで自分の学んでいた心理学の知識が役に立っていました。心理学の見地からカウンセリングで分析し､悩みの原因と解決策を伝える。目の前で相手の心が軽くなる姿を見ることが楽しくて、この道で人の役に立てるのではないかと考えました。

そうしてスタートしたのですが、実際には「なんちゃって起業」です。とりあえず「心理カウンセリングします。1時間1000円」とネット広告を出してみましたが、まともなビジネスにはなりません。1カ月に3件依頼があればいいほうでした。すでに実家は出ていたので、そんな稼ぎだけでは生活できません。生活費のために飲食店でバイトもしていました。

心理コーチとアルバイトの掛け持ちを1年くらい続けた頃、ウェブ事業で稼いでいた大学の先輩に相談に乗ってもらいました。「ビジネスを始めてみたけれど、うまくいきません。どうやったら稼げますか?」と聞くと、「スクールに通ったりコンサル受けたりしてる?」と。「いや、受けたいけどお金ないんです」と答えたら「馬鹿野郎!」と怒られました。

先輩が言うには、「月に5000円しか稼げない頭でいくら考えてもどうしようもない」。確かにそうだと思って、集客系のスクールに通いました。90万円くらいの学費を分割払いです。それがビジネスに対する人生最初の自己投資になりました。

しかしそのスクールでは教えられる内容が抽象的すぎて、自分の中に落とし込めませんでした。「ブログで大事なのは、ためになる情報を書くこと」と教えられて、そのときはわかった気になりますが、家に帰ってパソコンを開くと、何を書いていいのかわからない。そもそもそれがわからないから困っているわけです。

私が通ったスクールが悪いというわけではありません。要は相性だと思います。私はもっと具体的に教えてもらえるスクールを選ぶべきだったけれど、世の中には1を聞いたら10を理解する人もいます。彼らにとって細かなノウハウを1つずつ教えられるスクールは退屈でしょう。

当時の私はそうしたこともわかりませんでした。

「勉強しなければいけないから」と、とりあえずやってみたけれど身にはならない。何にお金を使えばいいのかわからない。手当たり次第に商材を買ったりスクールに通ったりしている間に、気がつけば借金が450万円くらいまでふくれ上がっていました。

そこまでいってやっと、やみくもにお金を使えばいいわけではないということに気づきました。もっとビジネスの本質的な部分を学ばなければいけません。そうしてマーケティングに行き着きました。

人に教えてもらうことの大切さ

どんな人に学べばいいのかと考えたとき、まっさきに頭に上ったのが、マーケティングの手法を提供することで商売をしている人でした。私と年もほぼ変わりませんが、一部上場企業のコンサルティングもしていて、小手先の技術ではなく、なぜそれをするのか、なぜいまなのか、本質を教えてくれました。いまでも私のビジネスの師匠と呼べる人です。

彼から学んだことをひと言で表現すれば、「感覚でビジネスをしてはいけない」ということです。師匠の考えすべてにロジックと数字の裏付けがありました。そしてそれをすべて言語化して私たちに伝えることができている。強い説得力がありました。

コンサルタントと呼ばれる職業の人たちのなかには、感覚でノウハウを伝える人が結構います。もちろん彼ら自身は実績を出しているけれど、言語化して伝えることができないので、聞いているほうも本当の意味では理解できません。そうした人たちの教えで絶対にうまくいかないとはいいませんが、再現性は低いと思います。

師匠と出会い、この人は本物だと感じました。スクールに通うだけでは足りない。近くでなるべく多くのものを吸収したい。そこで「雑用でも何でもやりますから、そばにおいてください。給料もいりません」と頼み込みました。

最初は怪しまれるようなところもあったと思いますが、バイトの合間にセミナーの手伝いをするうちに打ち解けていきました。スクールやセミナーでは教えられないビジネスの裏側や、より本質的なマーケティングについても、教えてもらえるようになりました。

そこからだんだんと自分のビジネスもうまくいくようになり、師匠と出会ってから1年経ったところで月収200万円くらい稼げるようになりました。そのまま心理コーチの仕事を続けようかとも思いましたが、師匠とのやり取りを通して、マーケティングを提供する仕事に魅力を感じるようになり、マーケッターに転身しました。

ここでも、自分の感覚でやろうとするのではなく。わかっている人の言うことを素直に聞くことの大切さを学びました。世の中には、流行りのビジネス理論がたくさんあります。それが役に立たないとはいいませんが、本質があって初めて機能するものです。それは独学でも学べるのかもしれませんが、知っている人から教えてもらうのが最短最速です。

SNSに感じた無限の可能性

師匠の下でマーケティングを理解していくなかで、そのノウハウに自分の強みである心理学の知識を結びつけることができるのではないかと思うようになりました。マーケティングは基本的に数字やデータを基準としてビジネスを展開する考え方ですが、その根本は人の動きです。どのようにすれば人が集まり、どのようにすれば買ってもらえるのか。そこに心理学は大きく役立つだろうと考えました。

また、当時はSNSが普及し始めた頃で、これがビジネスツールとして重要になってくるだろうと予想し、SNSを主軸に据えることを考えました。

当時から、SNSのポテンシャルはユーザー数の伸びにも表れていました。一般的にはプライベートなコミュニケーションツールというイメージでしたが、ビジネスでの重要性もますます高くなっていくという確信がありました。

従来、個人や小さな企業ができることは限られていました。集客であれば、広告を配ったり、メアドのリストを集めたり、ホームページでPRしたり。それ以上の効果を望むのであれば、莫大な広告費が必要です。あるいは集客のためにブログを書いて、たまたまSEOで上位に上がるといった偶然性も必要で、ひと握りの人しか成功できない世界でした。

これがSNSであれば始めやすく、即効性もあります。1カ月、2カ月で集客につながります。いままでリーチできなかった人に向けて容易に発信できるようになった。その変化によって無名の個人が影響力を持つことができる。これはとてつもない可能性です。

みんなTwitterやInstagramで情報を調べます。そこにビジネスの提供側は自分のストーリーや思いを発信できる。するとただの集客ツールではなく、広告、ブランディングの役割を持たせることができます。「モノではなく自分を売る時代」「1億総フリーランス時代」といわれるなかで、これほど重要なツールはありません。必要な人はどんどん増えてくるはずです。

こうした確信を得て、ノウハウ化を進めていきました。師匠から学んだマーケティング理論に自分の持つ心理学の知識を組み込み、SNSに特化させることで、オリジナルを構築していったのです。

どの業種でもある程度の結果が出なければノウハウとしては提供できません。セラピスト、治療院、コンサルティング、アパレル、不動産など、いろいろなアカウントを作ってテストを重ねました。いきなりサービスにお金を払ってくれる人はいないので、最初は「お金はいらないのでアカウント作らせてもらえないですか」と頼んでデータベースを構築していきました。

人がどういう感情で物を買うか、反応するか。たとえば、Instagramではいかに自分の投稿を目立たせるかが重要です。だからといって、そこにハワイ旅行の写真を載せても意味はありません。その投稿に反応してくれる人はハワイに反応しているのであって、自分のビジネスに反応しているのではないからです。

いかにすれば見てもらえるかを考えて、画像の上に文字を載せる方法を思いつきました。「ＳＮＳで月１００人集客する方法」という投稿に反応しているのであれば、自分にとっての見込み客になります。次章以降でお話ししていくノウハウも、消費者行動心理学がもとになっています。

起業から2年で累計4億円を売り上げる

そこから1年くらいはフリーでノウハウ化を進めていましたが、大きい会社を作っていきたいというビジョンもあり、23歳で起業しました。本書を執筆している現在、会社は2期目です。

私の場合、心理学的なバックボーンがあって、そこにマーケティングやＳＮＳの学びが加わっています。それをクライアントにすべて伝えるのは無理です。法人化して１人で回せなくなってからスタッフを入れましたが、彼らもやはり同じようにはできません。

これは私が優秀だということではなく、時間をかけて得たことをそのまま伝えようとすれば、同じように時間がかかるということです。

そこですべてのノウハウをマニュアル化しました。必要最低限のエッセンスを詰めたテンプレートを作る。投稿、営業、広告。われわれが提供するノウハウはすべてテンプレ化されています。マーケティングのことを何も知らないスタッフがテンプレートどおりにやることで、Instagram のフォロワーを1カ月で2000人に増やせるようになりました。だったら生徒さんがやっても同じようにできます。

われわれのビジョンは「日本中のフリーランス・経営者に影響を与える、フリーランス・経営者の総合窓口を作る」です。具体的なサービス内容としては、SNSマーケティングのノウハウをパッケージングした通信講座、集客の代行などです。すべてオンラインで完結しています。

設立から1年くらい経って、やっと余裕が出てくるようになりました。最初は私を含めた5人で始めましたが、いまは20名ほどのスタッフがいます。

1期目が年商1.2億円規模、2期目で年商3億以上。2年間で累計4億円以上の売上をあげています。

現在の私の1日の労働時間は1~2時間程度。今日から1週間私がいなくても会社は回るようにしています。仕事をしていないときはペットと遊んだり、食事に行ったり、好きなことをして暮らしています。ただ、もちろんずっと仕事のことを考えています。次の事業戦略や課題の発見。これも時間があるからできることです。

これからは、ビジョンにあるように、フリーランス・経営者の総合窓口としてのポジションを広げていきたいと考えています。フリーランス・経営者のなかには、集客で困っている人もいれば、そもそもの商品設計で困っている人もいます。そうしたノウハウの提供と合わせて、代行業務も考えています。

SNSのアカウントを預かって投稿したり、フォロワーを増やしたり。そうしてフリーランス・経営者の需要すべてをカバーする、というコンセプトが見えてきました。

自分を追い込む状況を作る

私の場合、ブラッシュアップの期間はありましたが、フリーの期間を含めて、2年くらいでノウハウを形にすることができました。これを早いと感じるかどうかは人それぞれですが、自分では頑張ったなと思います。

乗り越えることができたのは、1つは死ぬ気でやったこと。フリーの頃は、細かな雑用を含めて全部自分でやらなければいけませんでした。やってもやっても仕事はなくなりません。起業するまでは休みなしで1日16時間は働きました。

そういってしまうと、元も子もないように感じるかもしれません。「結局、努力しなければ駄目なんだ」と。しかし、逆にいえば、努力さえすれば結果は出るということだと思います。

私には、それまでの人生で「これだけはやり遂げた」という経験がありませんでした。大学受験は1つの成功体験ではあったけれど、第一志望ではありませんでした。そのコンプレックスがずっとどこかにあり、それがあきらめの悪さにつながったのだと思います。

ただ、すべての過程において、大変さはありましたが、その後ろに探求心がありました。自分の好きなことを追い求める面白さ、知らないことを知る喜び。努力に努力を重ねたというよりは、気がつけば没頭していたというイメージです。だからこそ、まずは自分の好きなことを基準にすべきだと思います。

それから、退路を断ったことも大きかったと思います。

大学を中退して独立したので、後には引けませんでした。会社を作ってからはスタッフも雇いました。彼らには家族もいます。会社が駄目になって困るのは自分だけではない。明日の売り上げがどうなるかもわからないなかで、考え込んでいても状況は改善しません。

言い訳している暇はなく、行動するしかないわけです。結果的にそうなったともいえますが、自分がやらざるを得ない環境を作ってしまうことは大事だと思います。

最後に、人との出会いです。ライフコーチと知り合わなければ、中途半端に役者を目指してパッとしないまま時間だけが過ぎていたかもしれません。師匠との出会いがなければ、オリジナルのノウハウを作ることはできませんでした。

そして何より、会社の仲間たちです。われわれはプライベートでも仲が良くて、月に1回は旅行に行きます。経営者として、スタッフに対する責任はもちろんあるけれど、同時に彼らは喜びを分かちあう仲間です。

やはり1人でできることには限りがありますし、仮にどれだけ成功しても1人では面白くありません。1人で1億円稼いでハワイ旅行に行っても面白くない。みんなで学び、成長して、国内旅行するほうが幸せなのです。

「欲」が成長への推進力となる

ビジネスがうまく回り始め、ある程度お金を稼げるようになったとき、ライフコーチの方が着けていたものと同じロレックスを買いました。私はそんなに時計が好きなわけではなくて、これまでに買ったのもそれ1本だけなのですが、とても嬉しかった。コーチにあこがれ始めてから3年。ようやくここにたどり着いたのだと実感しました。

フェラーリに乗るために稼ぐ、広い家に住むためにビジネスをする。それもいいと思います。家族を海外旅行に連れていくためだっていい。モテるために起業したという人もいます。

まずは自分の欲に素直になることが大事です。特にビジネスの初期段階では欲の持つエネルギーが大きく影響します。飛行機が離陸するためのエンジンになってくれる。その推進力が強ければ強いほど、人は成功できるのです。「お金を求めるのは不純じゃないか」と欲に蓋《ふた》をしてしまう人も多いけれど、自分の本当の気持ちを認めてあげるべきです。

お金を稼ぐことは素晴らしいことです。疲れていてもタクシーに乗れます。好きなときに海外旅行に行けます。5万円のフレンチを食べられるようになります。買えなかったものが買えるようになる。できなかった経験ができるようになる。それは何かを我慢しなくてもいいということかもしれません。重たい足を引きずって歩かなくて済む、安い宿を探さなくて済む、Ａランチを食べたいけれど高いからＢにしておこうという選択をしないで済む。お金のために我慢していることは、たくさんあるのではないでしょうか。

到達点は「貢献のステージ」

お金を稼げるようになって、稼ぐことの素晴らしさに気づきました。そして同時に。お金がすべてではないということも実感しました。

私の場合、それほど物欲が強いわけでもないので、いまの収入が倍に増えても生活水準はそんなに変わらないと思います。

心理学では年収１５００万円を超えると、それ以上稼いでも幸福度が変わらないといわれます。本当にそうだと思います。

お金持ちになったから幸せになれるのではなくて、幸せな人はお金がなくても幸せなのです。

当然、お金があっても不幸せな人はいます。知人の経営者たちを見ても、仕事のストレスが原因で家族が崩壊していたり体調を崩していたりと、不幸な人がたくさんいます。

最初は自分や家族のために稼ぐというモチベーションでいいと思いますが、ずっとそれだけを目標にやっていくと、どこかで苦しくなってきます。ある程度お金が稼げるようになってきたら少し考え方を変える必要があります。

お金の次に何を望むか。突き詰めていくと、結局「やりがい」に行き着くのではないかと感じます。仕事の価値はそこにあります。

世の中には、儲かるけれどやりたくない仕事、人に堂々といえない仕事もあります。そうした仕事をしている人たちが幸せなのかといえば、きっと幸せではない。では何がやりがいになるのか。私は、自分たちにしかできない仕事で人の役に立つことだと思います。それを理解することで、もっと仕事を好きになれます。

人の役に立つ仕事を追求していった先にあるのが、貢献のステージだと思います。

お金を稼げるようになって余裕ができる。人の役に立つことが自分のやりがいだと感じるようになる。より多くの人のためになる仕事をしたいと考え、視野が広がっていく。そうして結果的に世界中の人の役に立つようなものを作る。

マーク・ザッカーバーグやビル・ゲイツは、世界中にインパクトを与える圧倒的な仕事を果たし、さらに社会貢献を目的とした財団を設立しています。究極的には、それがたどり着くところなのかなと思います。

もちろん私がそれほどのことをできるとは思っていませんが、終着駅は自分の好きなことで、より多くの人の役に立つことと信じて、ビジネスを続けていきます。

第3章

4カ月でノウハウをマスターする

スマートフォン1台・無料でできる

本章からお話しするのは、われわれが作り上げたＳＮＳマーケティングの具体的なノウハウです。

「マーケティング」とは何か。人によって定義が異なりますが、私が考えるのは、集客、教育、販売、ブランディング、広告を包括した概念です。このすべてが、ＳＮＳで可能です。

ＳＮＳマーケティングに使用するのは、Instagram・Twitter・YouTube・LINE公式アカウントです。スマートフォン1台さえあれば、すべて無料で使えます。

本書では誰でも簡単に始められるよう、基本的な部分の説明に留めています。また、最低限のコストで始められるという点で「広告」について割愛しています。前著『ＳＮＳで人を集める！』（総合法令出版）ではより詳しいノウハウや広告についても解説していますので、興味のある方はご覧ください。

まずはInstagramとTwitterでフォロワーを増やします。そうして自分の商品やサービスを多くの人に知ってもらいます。そこからLINE公式アカウントに見込み客を誘導し、LINE電話でセールスをかける。ざっくりといえば、こうした動線を作っていきます。

こうした過程を、感覚で考える人が非常に多い。「お客さんが来ないからとりあえずSNSでもやったほうがいいのかな」と始めてみて、数回投稿したけれど特に効果がない。それで「やっぱり役に立たないな」というわけですが、当たり前です。ビジネスに特効薬はありません。SNSであろうがほかの方法であろうが、順を追って一つひとつ進んでいくしか方法はないのです。

ビジネスの3つのフェーズ①「集客」

ビジネスを成り立たせるためには、3段階のフェーズを知っておく必要があります。「集客」、「教育」、「セールス」です。

まずは集客から考えます。

私たちのところへお金を持ってきてくれるのは人です。儲かるお店にはお客様が集まって、そうでない店にはお客様が来ない。乱暴な言い方になりますが、集客さえできればどんなビジネスでもうまくいきます。

企業が倒産する原因はたくさんあります。借り入れが多い、商品の欠陥が発覚する、商品が売れなくなる。東京商工リサーチのデータによると、そのうちの65パーセント以上は、集客に起因しています。広告で反応が取れない、見込み客リストが取れない。その結果として売り上げが落ちてキャッシュアウトです。

こうした事実があるにもかかわらず、集客に対する意識のない人がたくさんいます。ビジネスを始めて、お客様が来ない。それで「どうしよう」と焦りはしますが、「だったら集客を学ぼう」とは考えません。

繰り返しますが、みんな感覚で進むから失敗するのです。何となく広告を出したり、チラシを撒《ま》いたりする。あるいは「ブログを書いたら読んでもらえる」「商品の質を良くすればお客さんは来る」と間違った努力をする。

集客できないというのは、まず認知されていないということです。

たとえば東京に住んでいる人が大阪のテーマパークに行くとします。誰もが「ユニバーサル・スタジオ・ジャパン」を想像するでしょう。枚方市にある「ひらかたパーク」を思い浮かべる人は少ないと思います。実際にどちらに行く人が多いかは明白です。

1万人に知られているのか、100人に知られているのかの違いで、単純に売り上げは変わります。まずは自分の商品やサービスを知ってもらわなければいけません。そのために、主にInstagramとTwitterで呼び掛けます。

そうして認知度が高まったら、見込み客リストを集めます。いわゆる「顧客名簿」です。InstagramやTwitterからLINE公式アカウントに誘導して友だち登録してもらいます。これがそのまま見込み客リストになります。

さらにLINE公式アカウントであれば、つねに見込み客と連絡を取ることができます。いつでもセールスできますし、見込み客からの問い合わせにも対応できるので機会損失を避けられます。

こうして認知拡大から見込み客リスト集め、セールスまでの流れを一本化できるのです。

ビジネスの3つのフェーズ②「教育」

集客やセールスはわかりやすいと思いますが、「教育」という概念も大切です。教育というとお客様に何かを教えることかと思われますが、そうではありません。ひと言でいえば「信頼関係の構築」です。

集客して売ろうとするだけでは、買ってもらえません。駅前ですれ違う人に「この水1万円で買いませんか」と言っても売れない。客がいて、商品があるだけでは売れないわけです。

一般的な成約率の考え方では、見込み客のなかにどれだけ買ってくれる人がいるかが2対6対2に分かれます。2割は買うと決めている人、下の2割は何があっても買わない人。ただ売るだけでも見込み客の2割は買ってくれます。

しかしそれでは残りの6割を取りこぼします。この層は、もう少し情報を伝えれば、あるいは後何回か接触回数を増やせば買ってくれるかもしれない人たちです。あまり商品を買う気のないお客様を「買いたい」状態にする。これが教育です。

多くのお客様は、いきなりは買ってくれません。階段作りが必要です。たとえばポストに不動産のチラシが入っていたとします。それを見ていきなり「家を買おう！」と考える人も、なかにはいるかもしれませんが、多くの場合そうはなりません。

そこでまずは資料請求のためのチラシを入れます。そのうちの何割かが実際に資料請求し、彼らのもとに資料が届きます。そこにはマンションの詳細や会社の情報が書いてあって、そこで申し込む人もいますし、まだ迷う人もいます。資料請求をしたということは住所がわかっているので、不動産業者は再度手紙を出すなどして接触頻度を高めていきます。こうした過程を経て契約に結びつけるわけです。

身近な店舗ビジネスでも教育を実践しています。私たちは何を理由にラーメン店を選ぶでしょうか。たとえばとんこつラーメン専門店の「一蘭」というお店があります。「とんこつラーメン」という情報だけで一蘭を選ぶ人もいますが、そうした人ばかりではありません。雑誌やテレビを見ているときにたまたま「一蘭」が紹介されていて、そこに「完全個室で人の目を気にせず食べられます」とある。そうしたお店のウリや特色をPRしていって、お客様を集める。これも一種の教育です。

世の中には教育そのものを必要としないビジネスもあります。たとえば前述の「ユニバーサル・スタジオ・ジャパン」や「東京ディズニー・リゾート」といった圧倒的な知名度がすでにある場合。それに嵐やAKB48のコンサートといった、「そこにしかない価値」がハッキリしている場合は、改めて教育する必要がありません。家具の「ニトリ」のように、「○○といったらここ」という絶対的なポジションが確立されている場合も同様です。

ただし、こうした戦略は大手企業だからこそできることで、私たち個人が真似《まね》するのは難しい。必要なときに消費する「いますぐ」のお客様だけを取りあっているので市場もレッドオーシャン化しています。その分売り上げも安定しづらいといえます。

SNSマーケティングでは、主にLINE公式アカウントで教育をしていきます。また、YouTubeもその役目を担っています。これらのツールを通して「なぜ必要なのか」「なぜいまなのか」「なぜ私から買うのか」といった、正しい判断基準をお客様に伝えていくのです。

ビジネスの3つのフェーズ③「セールス」

ビジネスの3つのフェーズの最後が「セールス」です。セールスというと訪問販売のような「無理やりにでも売る」といったイメージがありますが、いまのお客様にそんなことをしても絶対に買ってくれません。

セールスに必要な要素は極めて限られています。集客して教育ができた時点で、お客様には「なぜこの商品やサービスを買うべきなのか」は伝わっています。後は、最終的な「買うか買わないか」の選択を促すだけです。もちろんすべての人が買ってくれるわけではありませんが、一定数は買ってくれます。後は確率論の問題です。

詳しくは後述しますが、ビジネスには成約率の相場があります。その割合をセールスで高めようとするのは危険です。無理やり売ろうとしてもお客様は離れていきますし、運よく一時的に売り上げが上がったとしても、続きません。相場程度の成約率になっているのであれば、セールスはそれで良しと考え、売り上げが足らないのであれば、集客や教育を見直すことになります。

こうして、お客様が集まってから売れるまでの動線を作ります。結果、フリーでも安定して稼ぐことができるようになります。一つひとつの過程は、すべてわれわれがロジックと数字を基準に作り上げたノウハウです。何か特別なことがあるわけではありません。誰がやっても必ずうまくいきます。

SNSマーケティングの流れ

本書では、SNSマーケティングをスタートし、一連の仕組みを構築できるまでの期間を4カ月と設定します。これはわれわれがたくさんの塾生さんにノウハウを提供していくなかで、統計的に判断した基準です。成功するためにやるべきことも、その量も決まっています。それを実践してきた人たちの平均だと考えてください。

また、売り上げとしての目標はそれぞれだと思いますが、それなりに生活できる月30万円程度の利益が残る想定です。

具体的な手順は左記のとおりです。

①コンセプト作り（1週目）

実際にSNSを始める前に、自分の商品・サービスのキャッチフレーズであるコンセプトを決めます。そのために1週間ほどの期間を費やしましょう。

②ブランディング戦略の立案（2週目）

企業だけでなく、個人にとっても大事な要素になるのが「ブランディング」です。自分をどのように見せるか、キャラクターや見せ方を考えていきます。これも1週間ほどで決めていきます。

③Instagram でフォロワーを集める（3週目〜）

最初に始めるSNSはInstagramです。1日5回の投稿でフォロワーを増やし、認知度を高めていきます。そこからLINE公式アカウントへの誘導につなげます。

④Twitter でフォロワーを集める（4週目〜）

ある程度Instagramに慣れた段階で、Twitterも始めます。目的はどちらも同じ認知度の拡大とLINE公式アカウントへの誘導ですが、それぞれリーチする層が違います。

⑤LINE 公式アカウントのアカウント作成（2カ月目に入るとき）

Instagramを始めてから2週間程度、全体で見て1カ月程度経った頃から、少しずつフォロワーが増えていきます。2カ月目に入る頃にLINE公式アカウントのアカウントを作成します。そうしてInstagramとTwitterのいずれか、

500フォロワーを超えたほうからLINE公式アカウントへの誘導開始です。

⑥LINE公式アカウントでの教育（2カ月目中旬〜）

Instagram と Twitter からの誘導で LINE 公式アカウントの登録者数を増やしていき、2カ月目の中旬から配信を開始します。そこから3週間くらいが教育の期間です。

⑦YouTube でチャンネル登録者を増やす（3カ月目〜）

3カ月目に入る頃に YouTube を始めます。数字目標としては Instagram と Twitter のフォロワーがそれぞれ1000人以上、LINE 公式アカウントの登録者数が30人になったくらいです。

⑧LINE 電話で通話営業（3カ月目中頃〜）

3カ月目の中旬くらいから、セールスに入ります。目標としては、3カ月目のうちにファーストキャッシュをつかむこと。この段階での金額は少なくても大丈夫です。そこから数字を挙げて、最後のひと月で目標にたどり着きます。

少し駆け足の期間設定をする

このように考えると、最後の1カ月が大変なようですが、少しでも稼げたのであれば、その後は成長曲線を描くように売り上げが上がっていきます。すべてジグソーパズルのピースです。1つでも欠けているとうまくいきませんが、ハマった瞬間に最大瞬間風速が生まれます。最初の3カ月間は実感がわきづらいですが、あまり難しく考えず、とにかくやるべきことをやる。そこからの1カ月で一気に目標に到達するイメージです。

あるいは、4カ月で目標達成というと早いようにも感じる人もいるかもしれません。しかし、本気で実践しようとするとかなり濃密な4カ月になると思います。期間がはっきりしているほうが自分を動かしやすい。だらだらとやっていても、効果は上がりません。

とはいえ、焦る必要はありません。副業であれば、無理して頑張るより自然とフォロワーが増えていくのを待つほうがいい。時期的な目安よりも、それぞれのフォロワー数・登録者数の目標を大事にしてください。Instagram と Twitter のフォロワー数が１０００人、LINE 公式アカウントの友だち登録者数が30人を超えていなければ、３カ月目に入っていても YouTube は始めないようにします。

ただ、話が二転三転するようですが、急いでいる人のほうが結果が出るのも早いとはいえます。ですので、自分が思うより少しだけ厳しめに期間を設定しましょう。半年で達成したいと思うのであれば5カ月、１年かかると思うのであれば10カ月です。

人生の時間は限られています。早く始めたほうが生涯年収はアップします。何より、楽しい時間もその分たくさん持つことができるのです。

"ネット上の看板"コンセプト作り

店舗にはお店の名前やメニューを書いた看板が出されています。看板がなければ、お客様もどんな店かわかりません。同じように、ネット上でも自分の看板を作る必要があります。

それが「コンセプト」です。「自分とは何者か」をひと言で表す、キャッチコピーのようなイメージです。コンセプトによってお客様が集まるかどうか、8割が決まるといっても過言ではありません。

なぜなら、いまの時代はいい商品、質の高いサービスがあふれ返っているからです。10年前は「整骨院を開業したらベンツ」といわれていました。しかしいまはコンビニより整体院の数のほうが多いといわれています。サービスは均質化していて、どこに行ってもそれなりのサービスを受けることができます。

こうした状況で、「整骨できます」と伝えても、当然お客様は分散してしまいます。つまり同業者がたくさんいるなかで、差別化を図る必要がある。その手段がコンセプトです。ただ「整骨できます」というのではなく、「最短期間、1カ月であなたの体を整え直します」といえば反応してくれる人がいます。簡単な例ですが、これだけで差別化です。

ここでは具体的なフォーマットをご紹介します。

「○○の人のための☆☆の専門家」

○○がターゲット、☆☆が何を提供できるか、ここを埋めていきます。作ったコンセプトは、各SNSのプロフィール欄、LINE公式アカウントの最初のあいさつ文や、YouTube動画での自己紹介など、マーケティング全体で繰り返し使用します。

われわれの場合でいえば「フリーランス・小さな会社のための、再現性の高い独立開業集客支援の専門家」です。マーケティング支援やコンサルティングはたくさんありますが、やはり大手向けです。街の花屋さんが受けることは難しい。そこでわれわれのポジションが生きてきます。

ターゲットをどう設定しているか、何を提供するプロなのか。そう聞くと、はっきりしていない人が多い。以前「ハイパーエグゼクティブコーチ」と名乗る人がいましたが、すごそうには見えても、正直、何をする人なのかよくわかりません。

われわれのクライアントに、恋愛コーチの方がいます。当初のコンセプトは「世界を旅する日本ナンバーワン恋愛コンサルタント」でした。しっかりしているようですが、これもよく考えるとざっくりしています。

そこでまずはターゲットを「婚活をしたい20代後半から30代半ばまでの男性」に絞りました。考えたコンセプトは「理想の相手に一生愛され、結婚できる男性になるための学校の校長」。そこから集客が加速して、月５００万円の売り上げを達成しました。

このように、コンセプトはお客様を集めるためでもありますが、同時に〝来てほしくない〟お客様を避けるためでもあります。クレーマーやわがままな客というわけではありません。ビジネスをする以上、「自分の提供するサービス」と「お客さんが求めているサービス」は最大限一致させなければいけません。趣味や性格の合う相手をゆっくり見極めたいと願う人に、短期間の婚活メニューを提供すべきではないのです。

「自分は誰のために何を提供できるのか」がはっきりしていなければ、ミスマッチが起きてしまいます。双方にとっての不幸をなるべく避けるためにも、コンセプトが重要なのです。

ターゲットの悩みをリサーチする

コンセプト作りのポイントは、自分の頭で考えないことです。おかしなことをいっているようですが、すでに世の中にある「人の興味を惹《ひ》く言葉」「魅力的な言葉」を参考に、自分なりの表現を考えるということです。

まずは「○○」の部分、ターゲットを考えます。ターゲットを決めるといっても、自分の提供するサービスや商品が決まっている以上、ある程度は絞られます。前出の恋愛コーチの例でいえば、対象は恋愛をしたい人に決まっているわけです。

その枠の中でどのようにターゲットを設定すれば差別化につながるのか、そのヒントになるのが見込み客の「悩み」です。

ビジネスはすべて課題解決で成り立っています。お客様の悩みを知ることができれば、それに合わせた表現でお客様の注目を集めることができます。そのサービスが解決できるであろう悩みが自分にフィットするものであればあるほど、お客様の「お金を払おう」という意識は強くなります。

とはいえ、いきなりリアルな悩みを知ろうとしてもわからないと思います。そこでまずはリサーチを行ないます。大きく次の2つの方法で見込み客の悩みを分析します。

①自分のビジネスに関連する書籍のAmazonレビューを調べる

当然ですが、読者はお金を払って本を買います。つまり、お金を払ってまでその情報を知りたい人がレビューを書いているわけで、より実際のお客様の声に近い情報を集めることができます。

レビューには高評価も低評価もありますが、そのどちらもヒントになります。直接的に「私はこんな悩みがありましたが、本のこの部分を読んで解決しました」というような感想もあるかもしれません。

②質問サイトを活用する

インターネットで質問できるサイト、たとえば「教えて！goo」や「Yahoo!

知恵袋」などに投稿されている質問を調べます。自分のビジネスに近いキーワードで検索してみます。

私の場合は「心理　コーチ」「マーケティング　客」などで検索します。そうすると、「心理学を教えたいのですがビジネスにならなくて困っています」「お客さんを呼び込むためのマーケティング術がわかりません」といった投稿がヒットします。

こうして調べたところから、もう少し深掘りします。それは「なぜこの人たちはこの悩みを抱えているのだろう」という自分への問いかけです。

前述の恋愛コーチの方が見込み客の悩みをリサーチしたときには、「モテたいけど、女性に好かれない」という人が多かったそうです。そこから「なぜ」を深めていくことで、より本質的な悩みにたどり着きました。

「なぜモテたいのか」

↓

「結婚したいから」

↓
「なぜ結婚したいのか」
↓
「両親を安心させたいから」
「家庭を持ちたいから」
「子どもが欲しいから」

こうして集めた「悩み」を書き出していきます。Amazonや質問サイトで調べたもの、深掘りしたもの、合わせて30個くらいを目安にしてください。その中からどのように選ぶかは後述します。

心に刺さるキーワードを探す

次に「☆☆」、自分が何を提供する専門家なのかです。とはいえ、ここはターゲットに比べるとそれほど重要ではありません。第1章で稼ぐためのスキルはそれほど高くなくていいとお話ししたように、特別なオリジナリティは必要ありません。ある程度汎用性の高いスキルを持っていれば、コンセプトを尖（とが）らせることでビジネスはうまくいきます。素晴らしい技術や商品にしようというよりも、ターゲットに刺さる言葉を見つけることのほうが大事です。

ここで参考になるのは、「同業者がどんな言葉を使っているか」です。ライバルのお客様は、当然自分の見込み客でもあります。最低でも5社、できれば10社をピックアップします。

その上で、広告、ブログ、SNSなど、同業者の発信をチェックしましょう。また、業種問わず、本のタイトルや週刊誌の見出し、Amazon、楽天といったECサイトの商品紹介などにも参考になる言葉がたくさんあります。

すると多くの例に共通しているワードがあることがわかると思います。婚活でいえば「理想の相手と結婚できる」「理想の結婚生活」「人生の理想を叶える」といったワードがある。であれば「理想」が刺さる言葉だとわかります。それらから発想される言葉も含め、「☆☆」の候補も30個くらい書き出しましょう。

そうして○○と☆☆の具体的な組み合わせを考えます。直感で「これだ！」と思うものがあればそれでＯＫです。なければ3パターンくらいに絞ってアンケートを取ってみましょう、友だちに聞いてみるくらいで十分です。

ここを感覚的な基準にしているのは、一度決めた後に変えてもいいからです。いったん決めて、反応が悪かったら変えていく。それぞれのビジネスによって正解のない要素なので、テストで検証・修正して最適解を導き出すアプローチが有効です。

恋愛コーチの方の例では、「婚活をしたい20代後半から30代半ばまでの男性」というターゲットと「○○の専門家」が結びつきました。1つ細かな注意点として、ターゲットを「30代」「40代」というように年代で絞るのはいいのですが、「25歳のための」といったように狭めすぎないようにしましょう。入り口が狭すぎると分母が少なくなります。まずは間口を広く取ることで見込み客を多く集め、この後の教育の段階に進めます。

自分をどのように見せるか

これ以降のすべての過程に関わってくるのが「ブランディング」です。ブランディングには大手企業のすることというイメージもありますが、フリーランスにとっても必須の要素です。

Instagram や Twitter は集客のツールであると同時に、無料広告だともいえます。こちらから情報発信をして不特定多数の人に「こんなことをやっています」とアピールできるわけです。

逆にブランディングとは、お客様からどう見られるかです。つまりお客様に自分のことを好きになってもらうために行なうことです。

前段階で決めたコンセプトを軸に、自分をどう見せていけばいいのかを考えます。服装、髪型、画像の色合い、言葉遣いなど。少し固く見せたいならジャケットを着てネイビーの色使い。言葉遣いも丁寧に。親しみやすく見せたいのであれば、ラフな格好で色合いも明るく、少し砕けた口調で。このように考えていきます。

たとえばすごく丁寧な文体でLINE公式アカウント配信をすると、少し怪しく見えたり、よそよそしく感じられたりします。少し砕けた話し口調のほうが〝ビジネスっぽさ〟が少なく、親しみやすいといえるのですが、これもブランディング次第です。誠実さをウリにしようという弁護士の人がLINE公式アカウントだけ砕けているのも、おかしな印象です。

ブランディングも同業者をリサーチするのが近道です。

私の場合、女性クライアントが多かったので、同じように心理系で女性向けに成功している人を探したら、メンタリストのＤａｉＧｏさんがいました。彼と同じように、ジャケットやTwitterのバナーを青にしたところ、問い合わせやLINE公式アカウントの登録が増えていきました。

とはいえ、深く考えすぎることなく自然体でいいと思います。ブランディングも後から修正していくことはできますし、あまり計算しすぎても息苦しくなってしまいます。無理せずできる範囲内で、服装や言葉遣いを考えていく程度で十分です。それで反応してくれない人たちは見込み客と捉えなくていい、くらいの感覚で考えましょう。

「共感ブランディング」で惹きつける

コンセプトにオリジナリティはいらないとお伝えしましたが、ブランディングでは、大いにオリジナリティを出していきましょう。自分自身を表現するときに、個性になるものはどんどん使っていきます。

何も強烈なキャラクターでなければいけないわけではありません。目的は、自分の人柄を見込み客に伝えることです。

第1章で、現代のビジネスでは共感が購入の決め手になるとお話ししました。商品やサービスの魅力だけで商売ができる時代ではなく、「その商品・サービスを売っている人のストーリーを知りたい」という人がたくさんいます。

昔、私のブログで「浮気する奴《やつ》はダメだ」という内容の記事を書いたことがあります。当時は有名人の不倫がたびたびニュースになっていて、その記事のアクセス数はそれまでで1番でした。

人柄を伝えるために特別なことは必要ありません。「ポイ捨てはダメ」とか「嘘《うそ》をついてはいけない」。何でもいいと思います。その考え自体がいいか悪いかではなく、自分の思いを発信することが共感のきっかけになります。

ブランディングを考える際に、多くの人は自分の長所や実績を見せようとします。それも当然必要で、特に自分を売る仕事の場合は「あこがれ」を引き出すことは必須です。

ただし「完璧な自分像」を作ってしまうのは危険です。結果を出していて、人間性も申し分ない。見込み客は「すごいな」とは思いますが。それだけではファンにはなりません。

やはりみんな孤独です。ありふれた人間性を見ることで、「この人、自分に似たところがあるな」と共感し、「この人だったら自分の気持ちをわかってくれるんじゃないかな」と考える。そうして「だったらこの人のサービスを受けたいな」と思ってもらえるわけです。

単純に自分の抱えている問題を解決してくれるのではなくて、理解してもらえることが大きなポイントになります。

これもテストしたことがあります。女性の自立支援の講座で、共感するべきストーリーを話したときと話していないとき、両方のデータを取ると、成約率に約10パーセントの差がありました。

どういう一面を見せたらお客様に共感してもらえるかを考えましょう。「少し抜けているところがあるな」といったことだけでも共感ポイントです。発信の合間にプライベートを挟み込むだけでもいい。あるいは「昔は貯金が3000円しかなくて、飲食店でバイトしながら勉強したんですよ」といった過去のエピソードも有効です。


ただ、共感のためであっても、無理なブランディングは必要ありません。「この発信で共感してくれるんだろうか」とばかり考えるとつらくなります。ブランディングで無理して共感を集めても、それが偽りであれば適切な価値提供はできません。

また、「こんなことを言って嫌われるんじゃないか」と考える必要もありません。情報発信では、嫌われることを恐れてはいけない。仮に2割のアンチが出てきても、残りの8割からファンは増えていくわけです。当たり障りのないことを言うより、そちらのほうが確実にファンは増えていきます。

第4章

Instagramと Twitterで 人を集める

Instagramで初速を出す

SNSマーケティングの具体的な発信は、Instagramから始めます。

一般的なコミュニケーションツールとして多くの人が使っているInstagramですが、集客ツールとして考えると、さまざまなメリットがあります。1つは、ユーザーの年齢層の広さです。Instagramのユーザーは若い人たちが多いというイメージもあり、ビジネスをする上で本当に役に立つのか、と思われる人もいるかもしれませんが、実際には40代~50代のユーザーも増えてきています。

次に、投稿自体が簡単で始めやすいという点があります。投稿する画像を作成し、アップする。投稿文を作ったりタグを付けたりすることも難しくはありません。いままでにInstagramを使ったことがある人はもちろん、初めて使うという人であっても、操作は難なく覚えることができると思います。

そして最大のメリットが、効果が出やすいという点です。

Instagramは「エンゲージメント」がとても高いSNSです。エンゲージメントとは、簡単にいえば「1つの投稿がどのくらい見られて、どれくらい反応があったか」です。ここでいう反応とは投稿を見たユーザーが「いいね」やコメントを付けてくれること、画像をクリックしてくれること、シェアしてくれることなどです。

われわれがInstagram、Facebook、Twitterを使ってエンゲージメントの高さをテストしたところ、InstagramはFacebookの10倍以上、Twitterの84倍以上のエンゲージメントがありました。

そうした点からInstagramは初速の高いツールだといえます。簡単に始めることができて、効果も出やすいし、その実感もわきやすい。そのため、SNSマーケティングではInstagramでの発信をスタートに考えています。

プロフィールが特に重要

まずはInstagramからLINE公式アカウントに誘導するわけですが、そのためにはInstagramのどこかにLINE公式アカウントのURLを掲載しなければいけません。そこをクリックしたユーザーがLINE公式アカウントにアクセスして、友だち登録をします。これはTwitterやYouTubeでも同じ流れです。

しかし、InstagramではプロフィールにしかURLを載せられません。プロフィール欄からしかLINE公式アカウントには誘導できないわけです。そのため、プロフィールに載せる文章がとても大切になってきます。

もちろん、Instagramのフォロワーを増やすためにもプロフィールが大事です。投稿に興味を持ってくれたユーザーの一部が、プロフィールにアクセスします。しかしそのユーザーたちがプロフィールを見て「私とは合わなそう」と感じたら、すぐに離脱してしまいます。投稿者のプロフィールを見るユーザーの総数を100パーセントとすると、そこからフォローせずに元のページに戻ってしまう割合、離脱率は74パーセントです。

投稿を見てプロフィール欄を訪れたユーザーは、アイコンとプロフィール文だけで「この人は何をしている人なのか」を判断します。その時間は約1秒。一瞬見て「この人、何をしているかわからないな」「興味がないな」と思ったら、すぐにそのページから離れてしまうのです。

集客に効果的なプロフィールにするには、ひと目見て内容がわかるようにしなければいけません。Instagramのプロフィール文の文字制限は150文字ですが、目安として100文字くらいにまとめます。それくらいのほうが、プロフィールを見たユーザーにとっても読みやすく、フォローされる確率も上がります。

187
投稿
8,915
フォロワー
フォ
猫の専門家のみなみ
ブロガー
猫飼い初心者の方のための『愛猫飼育の専門家』
多くの人に猫の正しい知識を知って欲しい、
そんな想いで発信しています
pomu.me/kyattunyan/

プロフィールの初めには、第3章で作成した「コンセプト」を載せます。その下に、自分の投稿を読んで得られるメリットを箇条書きで並べます。長くなりすぎないように、2、3行で収めるようにします。

アイコンについては、自分の写真を載せるのが無難です。はっきりとわかる明るめの写真がいいでしょう。自分の写真に抵抗がある場合は、自分のビジネスをイメージしたロゴマークなどでもいいでしょう。

「インスタ映え」は必要ない

プロフィールを作成したら、実際に投稿してみましょう。

まずは投稿する画像の用意です。「インスタ映え」という言葉があるように、Instagramに投稿する画像は派手で目を惹くものでなければいけないというイメージがあります。しかし、本書で紹介するSNSマーケティングに、「インスタ映え」は必要ありません。

また、フリーランスとして活動する人のなかには、自分の写真を投稿すること、いわゆる「顔出し」に抵抗のある方もいらっしゃいます。私はこれも必要ないと考えています。

ではどんな画像を投稿するのか。結論は「何でもいい」です。スマートフォンなどで撮影した風景写真や、インターネットで入手した画像素材で問題ありません。無地の画像でも大丈夫です。

もちろん、そのまま投稿したのではユーザーの興味を惹くことはできません。

画像の上に大きな文字を載せて投稿します。これをわれわれは「画像のタイトル」と呼んでいます。

Instagram を開くと、さまざまな投稿が並んでいます。普段は意識しないと思いますが、「どの写真が目立つだろうか」という視点で見ると、みんな代わり映えしないことがわかると思います。そのなかに、文字の載った画像があればどうでしょうか。みんな「インスタ映え」のために工夫していますが、そうした投稿よりよほど目立つはずです。

どんなタイトルにするかは、コンセプト作りと同じように、市場をリサーチしてキーワードを探します。慣れれば時間はかかりません。たとえば、「たった1カ月で腰痛が治った」といった文章を見つければ、これを参考にして「たった1カ月で猫背が治る整骨術」といったように考えることができます。もちろんそのまま引用するのはＮＧです。著作権侵害になる可能性がありますし、オリジナリティも出ません。

最近は簡単に画像に文字を載せる加工ができるスマートフォンアプリが揃《そろ》って

います。私が使っているのは「Phonto　写真文字入れ」という無料アプリです。画像の面積の7割くらいを文字で埋めるイメージでタイトルを入れます。行数は読みやすさを考慮して3行くらい。作業自体は数分で完了します。

「お役立ち情報」と「プライベート」を投稿

投稿文の長さは、300~500字を目安にします。人の文章を読む速さは、1分間に平均400文字前後だといわれています。1分程度であれば無理なく読んでもらうことができます。

そこに書く内容は、2種類を考えます。「お役立ち情報」と「プライベート」です。お役立ち情報とは、自分のビジネスの分野から発信できる、お客様にとって役に立つ内容です。たとえば「運動後に疲れを残さないストレッチの方法」「癖毛の人でもまとまりやすいブローの仕方」。「こんなに簡単なことでお客さんの興味を惹けるんだろうか」と、あまり深く考えなくても大丈夫です。あまり専門的すぎるとお客様が混乱しますし、考えすぎるといつまで経っても配信できません。投稿文の質より、配信数を増やすことのほうが重要です。お役立ち情報が思いつかなければ、ここでも同業他社を分析してみましょう。

次に、自分のプライベートな内容を発信していきます。「いまこんなカフェに来ています」「今日はこんな映画を見ました」といったありふれたもので構いません。回数を重ねることで、ユーザーに親近感を持たせていく、つまりブランディングの狙いがあるのですが、ここでは細かく気にする必要はありません。明らかにおかしな投稿でなければ大丈夫です。

プライベート投稿では、画像タイトルは入れても入れなくてもOKです。お役立ち情報はタイトル入り、プライベートは写真のみと分けてもいいでしょう。

投稿の頻度は、週5回以上、できれば毎日していきます。お役立ち情報とプライベートの割合は6対4。1週間に5回であれば、お役立ち情報3回とプライベート2回です。

また、Instagramには通常投稿のほかに「ストーリー投稿」があります。通常投稿は自分で削除しない限り残っていきますが、ストーリー投稿は投稿後24時間で消えるもので、リアルタイムな情報を発信する目的があります。

時間を共有しているという意識から、より発信者の人物像が伝わる効果もあり、ストーリー投稿では主にプライベート情報を発信します。

こちらは1日1～3回くらいの投稿が目途になります。

いつ投稿すればいいのか

Instagramの投稿のために長い時間を確保しておく必要はありません。電車に乗っている時間や仕事の昼休みなど、スキマ時間で十分です。慣れてくれば、Instagram集客にかける時間は1日20分程度で済むようになります。

ただし、いつ投稿してもいいというわけではありません。見込み客になりそうな人がInstagramを見ている時間に投稿しなければ、効果は薄くなってしまいます。たとえば、ビジネスのターゲットが主婦層だとしたら、家事に忙しい朝や夜より、昼間に投稿したほうが見てもらえる確率が上がります。

とはいえ、そうした予想がしづらい業種もあります。まずはいろいろな時間に投稿してみて、どの時間帯にいちばん反応があるかを分析します。

一般論として、われわれの分析では、18時から22時まではInstagramを見る人が多いという結果が出ています。ただ、同時にこの時間帯は投稿も増える傾向があり、自分の投稿が埋もれてしまう可能性もあります。そのためこの時間帯のなかで最も早い、18時頃に投稿するのがおすすめです。

ただ、これもあまり細かく決めなくてもいいと思います。生活のリズムを崩してまで投稿しようとすると長続きしません。

Instagramでは、ブログやウェブメディアのように検索で上位表示させることのできるような方法はありません。唯一の方法は、投稿を継続して「おすすめ」の投稿に表示されやすくすることです。効果の高い時間帯に投稿するより、継続することのほうが大事です。

Instagramでフォロワーを増やす方法

魅力的なプロフィール文を作り、毎日の投稿でフォロワーを増やしていきます。ただ、それだけでは思うようにフォロワーは増えていきません。Instagramの機能を積極的に活用して、より効率的にフォロワー増を目指しましょう。ここでは主に2つの方法をご紹介します。

①ハッシュタグを活用する

フォロワーを増やすという点で、特に重要なのが「ハッシュタグ」です。たとえばユーザーが「ダイエット」と検索すると、「上位検索結果」「アカウント」「タグ」「場所」というタブが表示されます。そこから「タグ」を選択すると、「ダイエット」という言葉を含むタグが複数表示されます。そのなかで、「#ダイエットメニュー」を選ぶと、そのタグを付けた投稿がいろいろ出てきます。このタグがユーザーの検索に引っかかるほど、投稿を見てもらえる数は増えていきます。

Instagramでは、1つの投稿にたくさんのタグを付けることができます。上限は30個ですが、われわれの分析では15個くらいが最も効果的だとわかりました。これより少ないと見込み客が検索しても自分のことを見つけてもらいにくく、多い場合は「おすすめ」に表示されづらくなります。

②フォローバックを狙う

Instagramで誰かをフォローすると、フォローした相手に自分がフォロワーになったという通知が届きます。その通知を見た相手が、お返しとしてフォローしてくれることがあります。これは一般的に「フォローバック」と呼ばれています。

ただ、片っ端からフォローすればいいわけではありません。自分のビジネスに興味のない人をいくらフォロワーにしても意味はなく、見込み客になってくれそうな相手を選ばなければ非効率です。

また詳しい数や基準は公開されていませんが、1日にできるフォローの数には上限があり、短時間に多数のフォローをすると利用制限がかかる場合があります。その目安は1時間に200フォロー以上ですが、一概にはいえません。その制限のなかで、より効率的にフォロワーを増やすためにも、フォローする相手を選ばなければいけません。

では、どんなユーザーをフォローすればいいのか。まず、自分の商品・サービスに関係する言葉を、タグ検索します。すると同業者の投稿や、その商品・サービスに興味を持つ人たちの投稿が表示されます。
それらの投稿に「いいね」すると、同じようにその投稿に「いいね」をした人たちの一覧が表示されます。

その人たちを上から順にフォローしていきます。こうすることで、見込み客に直接アプローチしていくことができます。

逆に、避けたほうがいいユーザーの基準もあります。

1つは外国語のアカウント。自分の見込み客が外国人なら話は別ですが、それ以外なら、フォローしてもあまり集客は期待できません。

それから、大企業の公式アカウントです。大企業が自分の商品・サービスを受注する可能性はとても低いからです。

また、非公開アカウントも対象から外しましょう。Instagramには、誰でも見ることのできるアカウントだけではなく、非公開のアカウントもあります。非公開アカウントを使っている人はInstagramの使用頻度が低い場合が多く、避けたほうが無難です。

以上Instagramでフォロワーを増やしていく方法をご説明しました。前述したとおり、Instagramは操作しやすく、もちろんお金もかかりません。まずは気軽に始めてみましょう。

ます。

Twitterも目的はInstagramと同じ

Instagram の投稿に慣れてきたら、Twitter での投稿も合わせて行なっていきます。

LINE 公式アカウントに誘導するための集客ツールという意味で、Instagram と Twitter の目的はまったく同じです。投稿内容も同じでＯＫ。ではなぜ別々に投稿するのかといえば、それぞれのアプリのユーザーの属性が違うからです。

ユーザーにとって、Instagram と Twitter では情報の入り方が違います。大きくいえばビジュアルか文字かです。Instagram では画像の上に文字を入れますが、パッと見で理解するという点で、よりビジュアル的です。対して Twitter は文字を追うことで内容を理解できます。

このどちらを好むかは、人それぞれです。もちろん両方を使っている人も多いですが、どちらか一方しか使わない人もいます。そのすべてにアプローチしたいわけですが、操作は Instagram のほうが簡単なため、まずは Instagram から始めようということです。

機能面で見たとき、Twitter と Instagram の大きな違いは、Twitter のほうが拡散機能が高いことです。自分のツイートに「いいね」が付いたり、リツイートや引用リツイート、返信（リプライ）されたりすることで、フォロワー以外の人の目にも触れる可能性が高くなります。

また、Twitter は Instagram に比べてコミニュケーションツールの機能も強いといえます。

たとえば、自分のツイートに好意的なコメントやリツイートをくれた人に、お礼を言う。いつも自分のツイートに「いいね」をくれる人がツイートしていれば、その人の投稿を引用リツイートする。こうして、だんだんとほかのユーザーとの距離が近くなります。

「この人の投稿を拡散してあげよう」という意識からより拡散されるようになりますし、「自分を知ってもらう」「ファンになってもらう」という点で、ブランディング効果もあります。

Twitterのプロフィール設定

Twitter も、Instagram 同様にプロフィールの内容が大事です。文字数の上限は160文字。この文字数のなかで、たくさんの人に興味を持ってもらえるようなプロフィール文を作成します。

最初に入れるのは、ここでもコンセプトです。その次に入れたいのが、自分の生い立ちです。自分がどんな幼少期や学生時代を過ごして、どんな経緯でビジネスを始めることになったのか、いまはどんなサービスや商品を提供して、どんな実績が出ているのかなどを簡潔にまとめます。

Twitter のプロフィールページ上部には横長の画像を載せるスペースがあります。これは「ヘッダー」と呼ばれ、ヘッダーをどのような画像にするかも重要です。フラワーアレンジメントをしているのであればお花の写真、コンサルタントなら講演をしている写真など、自分がどんなビジネスをしているかひと目でわかる画像を選びます。ヘッダーに適した写真が思いつかない場合は、Instagram の投稿画像のように、画像を背景にしてコンセプトを文字で入れてもOKです。

ヘッダーの下にはアイコンが入ります。Instagram 同様に、明るい印象に見える顔写真や、自分のイメージを図にしたロゴマークなどを入れてください。

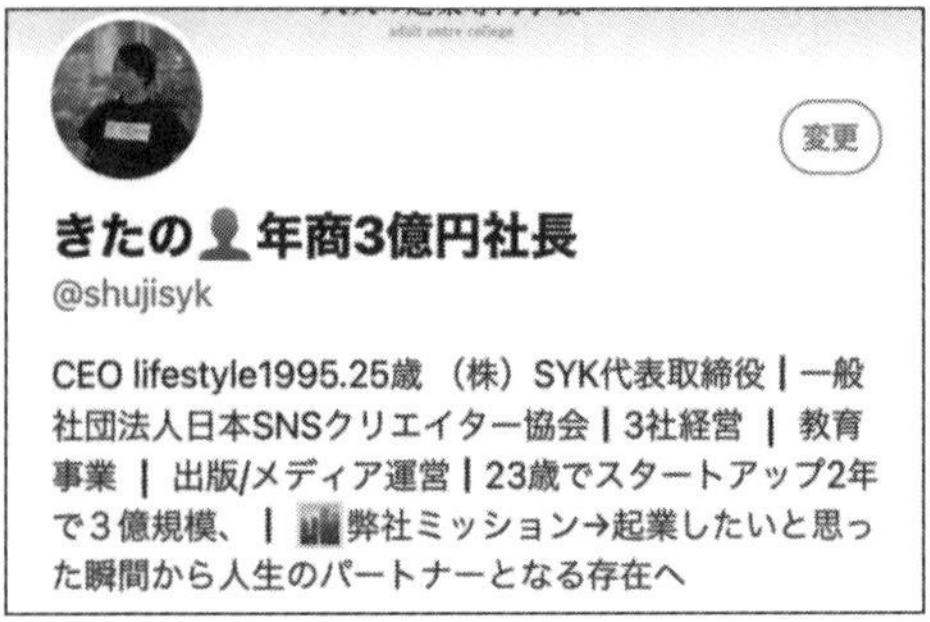
変更
きたの年商3億円社長
@shujisyk
CEO lifestyle1995.25歳 （株）SYK代表取締役｜一般社団法人日本SNSクリエイター協会｜3社経営 ｜ 教育事業 ｜ 出版/メディア運営｜23歳でスタートアップ2年で３億規模、｜ 弊社ミッション→起業したいと思った瞬間から人生のパートナーとなる存在へ

もちろん、LINE 公式アカウントのURLも忘れないようにしましょう。ただ、Instagram と違い、Twitter はプロフィール文の中やツイートの中など、いろいろなところにURLを載せることができます。

LINE 公式アカウントに限らずホームページなどにも誘導できるので、活用していきましょう。

1日5ツイートでOK

Twitterでの投稿は、1日5ツイートを基本に考えます。Instagramに比べて多いように思えますが、慣れれば1日合計30分程度あれば十分です。投稿内容は、先ほどお伝えしたとおりInstagramと同様で構いません。目安として、左記のように考えるといいでしょう。

①あいさつを1回

「おはようございます。今日も1日頑張りましょう」といった日常のあいさつです。

②③プライベートの内容を2回

Twitterでもプライベート情報を投稿します。また、Twitterでは動画も投稿できます。動画には親近感を抱いてもらえる効果もあります。動画の投稿頻度は

2週間に1度くらいと考えましょう。

④コミュニケーションの話題を1回

1日1回は、フォロワーやフォロワーになってくれそうな人とのコミュニケーションにつながる話題をツイートしましょう。たとえば、自分のビジネスに関係のある言葉を検索して興味のあるツイートを見つけ、その感想を投稿します。そこから反応があることで、コミュニケーションを図れます。

⑤引用リツイートを1回

ほかのユーザーのツイートに好意的な言葉を入れて引用リツイートすると、元の投稿者がそれをリツイートしてくれることがあります。そのことで、自分の引用リツイートを元の投稿者のフォロワーにも見てもらえます。あらかじめたくさんのフォロワーのいる人をフォローしておいて、1日1回引用リツイートするようにしましょう。

ツイートするタイミングは、Instagram同様に無理のない時間にすることが優先です。それをお伝えした上で効果的な時間帯を挙げると、リサーチの結果、7時、11時半、17時半、23時でした。通勤途中、ランチタイム、仕事が終わった後にSNSを見る人が多いからだと思われます。これらの時間帯に投稿する場合、残りの1回は、実際の反応を確かめながら決めてください。

ただ、ツイートをチェックする人が多い時間帯は、ツイートをする人も多い傾向があります。ほかのツイートに埋もれることを避けるために、それぞれより少し早めの時間帯を選びます。

また、23時以降は、Twitterを見る人、ツイートをする人の両方が少なくなります。この時間帯に投稿すると、翌日起床したユーザーが、最初に自分のツイートを見てくれる可能性が高くなります。

ツイートする時間帯を決めたら、なるべく毎日同じ時間にツイートします。それが難しい場合は、予約投稿のできるツールもあります。一例を挙げると、「Twitterルールに準拠した「SocialDog」です。無料プランは10ツイート、有料のLite+プランは30ツイート、ProおよびBusinessプランでは無制限で予約投稿ができます。

「固定ツイート」を有効活用する

Twitterには、プロフィールの下にずっと掲載しておくことのできる「固定ツイート」という機能があります。これは「第2のプロフィール欄」ともいえます。活用しない手はありません。

固定ツイートにもLINE公式アカウントへの誘導を載せます。私の場合は、LINE公式アカウントのＵＲＬと、「いまLINE公式アカウントに登録すると、プレゼントがついてきます」という内容を固定ツイートにしています。また、それに限らず、お店のホームページやイベントの告知ページなど、見てほしい記事のＵＲＬを載せるのも効果的です。

ただしTwitterを始めてすぐの頃や、フォロワーが５００人以下の段階では、別の内容を考えます。この段階では、まず自分のアカウントを見た人たちに自分のことを知ってもらわなければいけません。そのために、固定ツイートには自己

固定されたツイート
きたの年商3億円社長・2020/09/12
#弊社ではSNSクリエイターを募集中
SNSクリエイターとは
世の中で困っている店舗、フリーランス等の
SNSを手伝ってあげるお仕事です
・在宅で安定収入を得たい
・もっと自由に働きたい
全く新しい働き方で安定収入を得たい人はこちら
syk01.com/lp/adg/49s9
（仕事の紹介も行なっています）
株式会社SYK
SNSクリエイター
高時給
出社なし
在宅ワーク
12
13
440

紹介文を載せます。

固定ツイートの設定はとても簡単です。固定ツイートにしたい内容を通常のツイートとして投稿した後、そのツイートの右上にあるマークをクリックします。すると、「プロフィールに固定する」という表示が出るので、それを選択するだけです。

フォロワーの増減を見ながら、必要に応じて固定ツイートの内容を変えていきましょう。

Twitterのフォロワーを増やす

前述したように、Twitterはコミュニケーション機能に長けたツールです。フォロワー増のために、自分から積極的にコミュニケーションを取っていきましょう。ここでは特に効果的な3つの方法をご紹介します。

①「いいね」

誰かのツイートに「いいね」をすることで、自分のプロフィールを見てもらうきっかけを作ります。

まずは、自分のビジネスに関係のある言葉で検索をかけて、自分の属性に近いユーザーを探します。そのユーザーのフォロワーや、そのユーザーのツイートに「いいね」をしている人たちは、自分にとっても見込み客になる可能性が高い人たちです。

誰が「いいね」をしているかは簡単にわかります。ツイートの下にある「○件のいいね」という表示をクリックすると、「いいね」をした人たちのアカウント一覧が出てきます。そのなかから、フォロワーが1000人以下の人のツイートに「いいね」をしていきます。これはフォロワーが少ない人のほうが、誰かから「いいね」をしてもらったことに気づきやすいからです。

この流れで、1日100回を目安に「いいね」をしていきましょう。

②リプライから

自分がフォローしている人のツイートや、前述した基準で「いいね」をした人のツイートなどにリプライしていきます。簡単な内容で構いません。たとえば、レストランで食事をしたというツイートに、「そこ行ってみたいです」「おいしそうですね」と返す程度で十分です。

③フォローバックを狙う

Instagramと同様に、自分の商品・サービスに興味を持ってくれそうな人を見つけてフォローしてフォローバックを狙います

Twitterでも、1日に規定のフォロー数を超えると、利用制限がかかることが

あります。その基準は公開されていないのですが、われわれの分析では1日当たり30人以内であれば問題ありません。

自分が「いいね」やリプライをしたユーザーのなかから、フォロワーが1000人以上いるユーザーを優先的にフォローします。ユーザーが多いほど広い拡散を期待できます。ただし、こうしたユーザーがフォローしてくれる可能性は低くなります、そこでフォロワー数1000人以下のユーザーも一定数フォローします。前者と後者の割合は、3対2くらいを基準にしましょう。

第5章

YouTubeで「ブランディング」と「教育」

YouTubeを使う目的は

集客のためにという点で、YouTubeはInstagram・Twitterと同じ目的で使いますが、ほかにも2つの役割があります。1つが「ブランディング」、もう1つが「教育」です。

まず、集客の面で考えると、YouTubeで認知度を上げるにはInstagramやTwitterとは比べものにならないほど時間がかかります。自分の動画をYouTubeでたくさんの視聴者に見られるようになるまでは1年以上、少なくとも半年はかかります。

しかし、時間をかけて継続することによって、大きいメリットを得られるようになります。YouTubeへの動画投稿を続けていくと、時間の経過と共に再生回数が伸びていきます。再生回数が伸びると、YouTubeのシステムからアクティブなユーザーだと判断されて、多種多様な機能によって自分の動画が視聴者から見つけやすいようになっていきます。

また、YouTubeはチャンネル1つにたくさんの動画を載せられます。そのなかの1本だけでも再生回数が伸びてYouTubeのシステムからアクティブな動画だと認識されれば、検索エンジンで上位に表示されます。そこから自分のチャンネルへの流入が期待できます。

このように、成果が出るまでに時間がかかるとはいえ、YouTubeへの投稿を続けることで、だんだんと自分の認知度が上がり、集客のための大きな力になってくれます。YouTubeに投稿する動画は、自分のビジネスのためにずっと持っていられる資産だと思ってください。

動画はファンを増やすために有利なツール

次にブランディングの観点からYouTubeを考えます。YouTubeはファンを作る効果が非常に高いツールです。1本の動画を観てその投稿者のファンになる、ということはよくあります。私がライフコーチに出会ったときもそうでした。また、私がビジネスを始めてからも「動画を観てファンになりました」と言っていただけることがあります。

たった1つの投稿を観てファンになる。これはTwitterやInstagramではあり得ません。投稿を見て興味を持つことはあっても、ファンになるというところまでは、まずたどり着かないでしょう。

これがなぜなのかと考えると、大きな理由は伝えることのできる情報の量の差です。「メラビアンの法則」をご存知でしょうか。話し手が聞き手に与える印象を数値化した法則です。この法則によると、人は相手の印象の55パーセントを視覚情報で、38パーセントを聴覚情報で、7パーセントを言語情報で判断しています。

YouTubeはこのすべてを補完できるわけです。見ている側は、話し方、表情、服装、いろいろな情報を得て、話し手がどんな人かを知ることができます。もちろんすべての人がファンになってくれるわけではありませんが、とても共感を与えやすいツールです。

また、動画の持つそうした特徴が、教育にも生きてきます。

動画では、文字を読むより簡単に、たくさんの情報を吸収できます。前述のとおり、人間が1分間で読める文字数は平均400文字前後。これを耳で聞くのであれば700〜800文字だといわれています。さらにボディランゲージ、身振り手振り、表情といった要素から、視覚的に伝えることができます。1つの動画を観てもらうだけで、自分の商品・サービスの情報をたくさん知ってもらうことができるのです。

YouTubeで投稿する動画の内容

YouTubeで発信する内容は、6割がお役立ち情報、4割が教育です。ただ、これは投稿する動画の本数で考えるのではなく、1本の動画の中の時間の割合だと考えてください。プライベートな内容は大きく扱わず、動画の節々に挟み込んでいくイメージです。

①テーマを決める

まずはテーマを決めます。「食事制限なしで痩せる方法」「筋トレの効果を最大限にする食事」といった内容です。どんなテーマにするかInstagram・Twitterの投稿と同じようにリサーチを元に考えます。

最初のうちはなるべく内容の近いテーマで動画投稿を重ねていくほうがやりやすいと思います。投稿に慣れてきたら、次第にそのテーマの枠を広げていきましょう。

②3つのポイントを決める

次に、テーマに沿った動画のポイントを3つ決めます。事前に数を伝えられることで、見ている側が内容を理解しやすいという効果があります。

また、ポイントの数が多すぎると視聴を維持できません。現代の人たちは忙しく、腰を据えて1つの動画を観ることはありません。電車の移動時間や仕事の休憩時間など、スキマ時間に動画をチェックする人もいます。「今日は無理なく痩せるための ポイントを7個話します」となると、すぐに離脱してしまいます。

どのようなポイントにするかの基準については、見込み客が検索しそうなキーワードです。いまはどのようなキーワードが検索されているのかを調べられるツールもあります。私は無料のツール「aramakijake.jp」を使っています。

たとえば「食事制限」「3カ月で痩せる」「夏までに痩せる」といった言葉がよく検索されることが判明したら、これを3つのポイントにします。

③全体の時間配分を決める

1つの動画の長さは、5〜10分で考えます。あまり長いと最後まで観てもらえません。YouTubeでは、最初の7秒間でほとんどの視聴者が離脱します。それだけ離脱率が高いなかで、長々と自己紹介をしていてもどうしようもありません。

そこで、まずはパターンブレイクです。普通だと「こんにちは、○○です」と始めるところを、いきなり「3週間でマイナス10キロ！　好きなものを食べても痩せる方法をお届けします！」と伝えます。

お客様が欲しがっている情報は自己紹介ではありません。欲しいものについての情報までが遠いと、視聴を維持できません。自己紹介は「この動画で何を知ることができるか」を説明した後でいいわけです。

そこから中盤までは視聴者がいちばん欲しい情報、つまり問題解決のための具体的なノウハウは言わないようにします。この動画で得られるメリットや、なぜ撮影することになったのか、といった内容で引っ張ります。動画全体の後半に入ってから、ノウハウを話します。

視聴者は、自分の必要な情報を得たと思ったら、それ以上視聴を続けることはありません。先にノウハウを言ってしまうことで、視聴者が離れてしまうわけです。

そして話を引っ張ることのもう1つの効果が「価値づけ」です。役に立つノウハウであっても、いきなり提供されると、「たいしたことないじゃん」といった印象になってしまいます。もったいをつけることで、その情報を得た視聴者の満足度も高まるのです。

④最後に登録を促す

動画の最後には、YouTubeチャンネル登録と、LINE公式アカウントへの登録を促すのを忘れないようにしましょう。その動画を観てくれた人にチャンネル登録をしてもらえれば、次回の動画も観てもらえる可能性が高くなります。

またそのとき、「いま、登録してもらえれば限定動画などのプレゼントがあるので、動画の下に書いてあるＵＲＬをチェックしてください」とつけ加えるとさらに効果的です。プレゼントについては、次章でお話しします。

誰でもできる簡単撮影

自分で動画を作ってYouTubeに投稿するのは、一見高度なスキルが必要なように思えますが、そんなことはありません。本書で紹介する動画撮影や投稿の方法に、難解なテクニックは１つもありません。

①特殊な機材はなくてもＯＫ

動画を撮影するには、ビデオカメラは必要ありません。パソコンやスマートフォンに内蔵されているカメラとマイクで十分です。リモート会議でよく知られる「Zoom」などのオンライン通話ツールを使えば一括で録画できるので便利です。

また、動画のなかでは資料を示しながら話していくと効果的です。PowerPointやWordでデジタルの画面を表示しながらでもいいですが、もっと簡単に紙の資料を持ちながら話してもOKです。私は100円均一ショップで売っている小さなホワイトボードを使うこともあります。

②話すことが苦手でもOK

動画の完成度に「話のうまさ」は影響しません。

もちろん、誰でもできる話し方のコツはあります。一例として、口下手な人でも熱意が伝わる話し方をするためには、通常話しているときの1・5倍から2倍のテンションで話すようにします。そうすると、視聴者に本気で伝えようとしていることが伝わり、好印象を与えることができます。

しかし、こうしたテクニックもそこまで意識する必要はありません。集客のための動画に最も大事なことは、話のうまさではなく、一生懸命に自分の伝えたいことを話す姿勢です。たどたどしくとも熱心に伝えようとする気持ちこそが、視聴者の共感を引き出します。

撮影に慣れない間は、事前に練習しておくと安心して話すことができると思います。大切なのは、初めから完璧を目指さないことです。撮影した動画を観返して、「あ、ここで噛《か》んだな」「ここ、わかりづらいな」と考えていたらなかなか投稿できません。

③高度な編集技術がなくてもOK

YouTube動画投稿者のなかには、動画の品質にこだわって、細かいカット割りやテロップ表示など、高度な加工や編集をしている人もいます。しかし、SNSマーケティングのためには、編集作業は一切必要ありません。撮ったままの動画で集客効果は十分に見込めます。レコーディングが終了したら、そのまますぐYouTubeに投稿してしまいましょう。

④月に3回、それぞれ1時間でOK

投稿する動画の数は、月に12本以上を目指しましょう。3カ月で36本、半年で72本、1年で144本になります。それだけあれば、数本は再生回数が伸びていきます。

月に12本だからといって12回撮影しなければいけないわけではなく、まとめて撮影してしまいます。1日4本撮影するのであれば、10日に1回で大丈夫です。内容を決めてさえおけば、4本撮影しても1時間もかかりません。あらかじめ撮影日を決めておきましょう。

⑤顔出ししなくてもOK

テクニックという点からは外れてしまいますが、Instagram・Twitterと同様に、YouTubeでも自分の顔は映さなくても問題ありません。ずっと資料を見せながら、顔を見せずに声だけで説明していくこともできます。こうした点からも、ハードルの低い撮影方法だといえます。

動画投稿の手順

動画撮影が終了したら、実際に投稿してみましょう。投稿から動画リストの管理まで、順を追ってご説明していきます。

①タイトルを決める

動画を投稿する際は、まずタイトルを決めます。このときも動画の内容を決めるときに考えた3つのポイントを基準に考えます。

「食事制限」「3カ月で痩せる」「夏までに痩せる」だったのであれば、「3カ月で夏までに痩せる食事制限によるダイエット方法3つ」といった形です。ここでも「3つ」というように数字を入れることが効果的です。タイトルに数字を入れると、視聴者の関心を惹きやすくなります。

②概要欄を書く

タイトルが決まったら、次は動画の下に表示される「概要欄」を考えます。動画を再生するかどうか、視聴者の興味を左右するとても重要な部分です。

概要欄の冒頭には動画の3つのポイント、次に動画の内容の要約を書きます。この2つの要素で2行ぐらいに収めるようにします。概要欄の文章がパッと見て

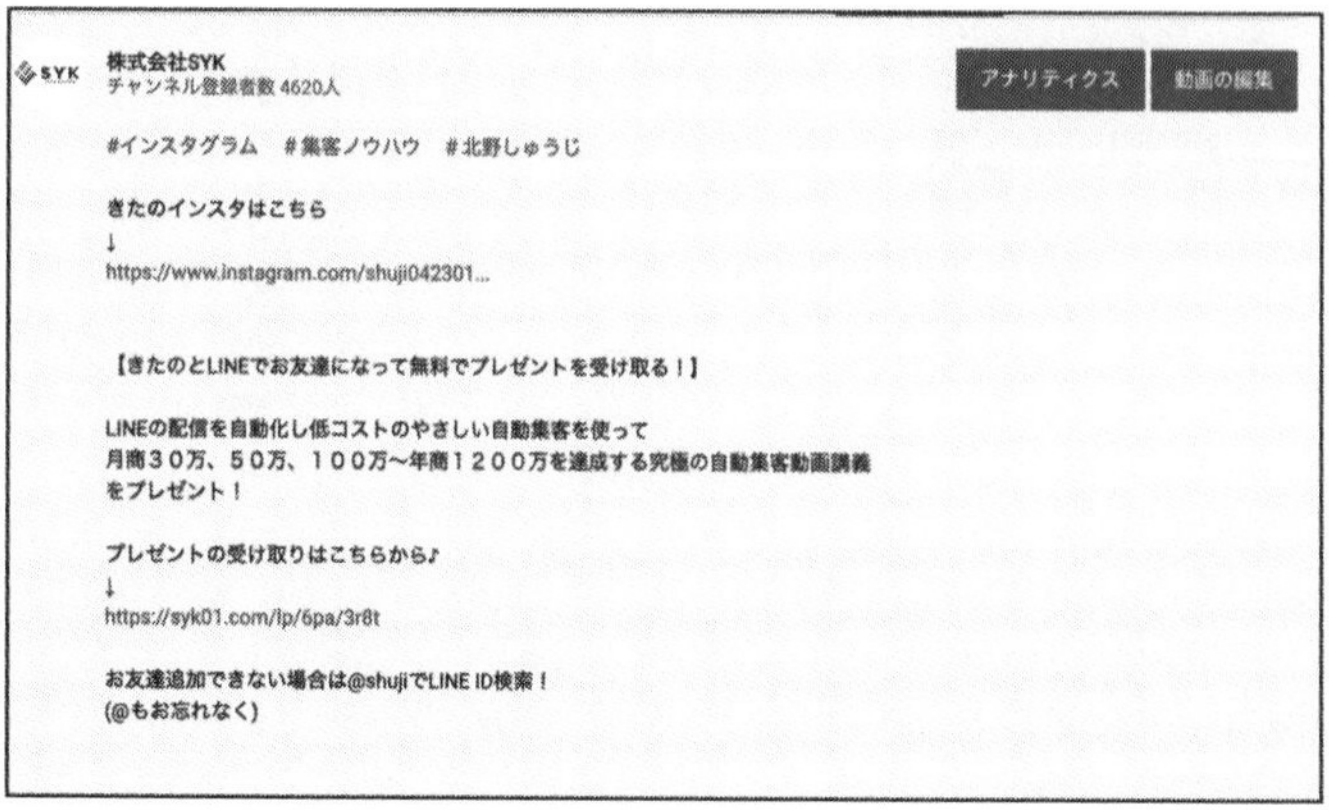

わからなければ、視聴者は動画を再生するかどうかの判断をすぐにできず、再生しないまま離脱する確率が高くなるからです。また、概要欄は短い文章のほうが検索エンジンにヒットしやすいといわれています。

要約の次の行にLINE公式アカウントのURLと、友だち登録を促す言葉を書きます。自分の動画を見て興味を持った人を、ここからLINE公式アカウントに誘導します。さらに、YouTubeのチャンネル登録をした人であれば、登録してもらえる可能性は非常に高いです。

③カードを作る

概要欄とセットで設定しておきたいのが、動画の途中に他の動画へのリンクなど

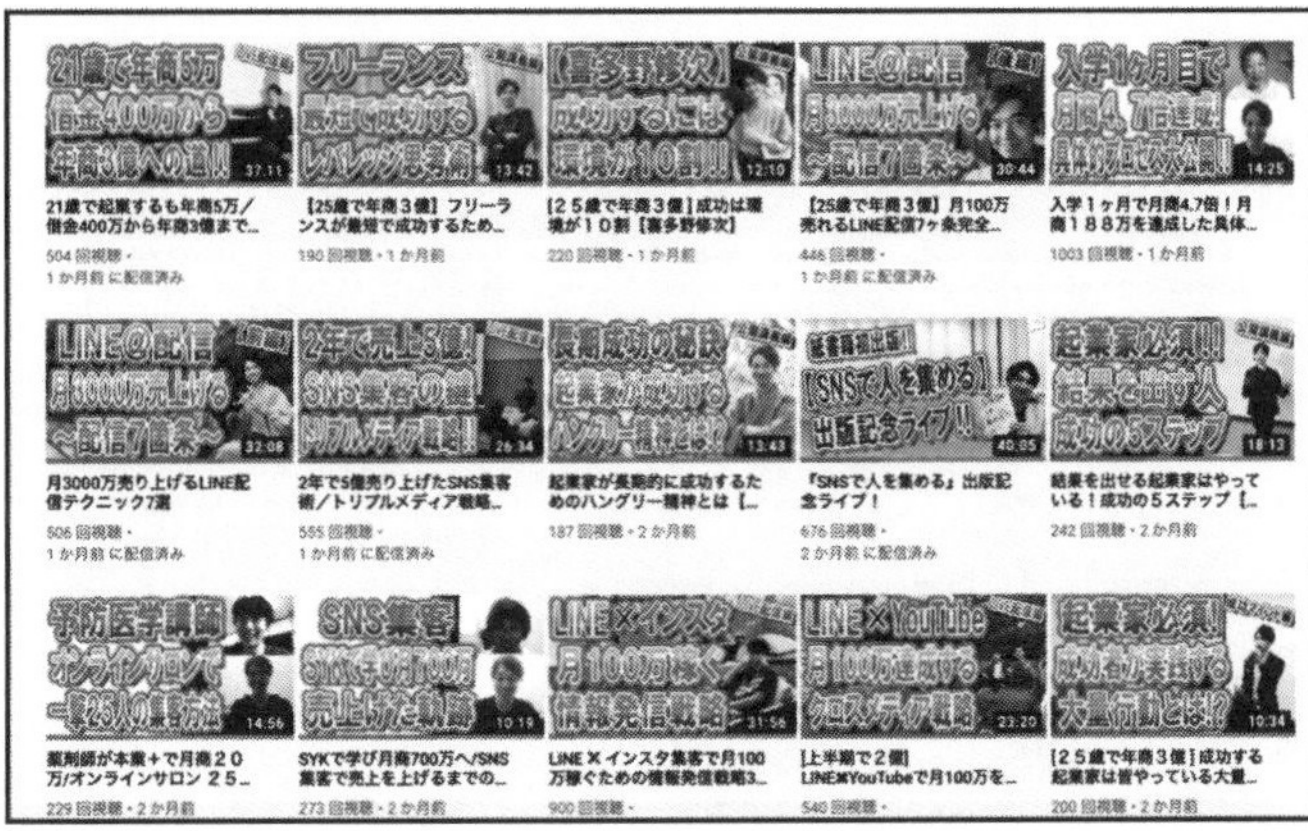

を挟み込むことができる「カード」です。動画投稿を続けていると、そのなかでも特にこれを観てほしいと思うような動画ができることがあります。ある動画にカードを入れておくことで、そこから重要な動画に誘導することができます。

このカードは概要欄とセットで入れると効率的です。

カード機能を使うためには、動画の編集画面に移動して、カードを入れる位置の秒数を指定します。カードを入れ終えたら、動画の準備は完了なので投稿してしまいましょう。

④サムネイルを作る

動画を投稿した後は、サムネイルを設定

します。サムネイルは動画の顔のようなものです。検索エンジンの検索結果一覧や、YouTubeを開いたときの動画一覧、関連動画の一覧画面など、さまざまなところに表示される画像です。

動画のサムネイルには、Instagramの投稿と同様にタイトルの文字を大きく入れます。動画が一覧表示されたときに、より多くの視聴者の目を惹くことができます。

YouTubeならではの再生回数が増えるメカニズムとして、「関連動画」からの流入という経路があります。これを増やすためにもサムネイルが大事になってきます。

自分の投稿と内容の似ている動画が、YouTubeにはたくさんあります。視聴者が動画を視聴した後に、スマートフォンの場合は動画の下、パソコンの場合は動画の右に、視聴し終わった動画に内容が似ている動画が「関連動画」として表示されます。自分の動画が見込み客の関連動画として表示されれば、その人たちが自分の動画を視聴してくれる可能性は高まります。

関連動画には、検索エンジンの結果と同じように、自分の動画のタイトルとサムネイルが表示されます。ここでもタイトルとサムネイルが見込み客の興味を惹くものかどうかが重要になるのです。

サムネイルを自分で設定しないでいると、動画の一部の場面を切り取った画面が設定されてしまいます。これでは視聴者の興味を惹きづらくなります。サムネイルの設定は必ず忘れないようにしましょう。

⑤再生リスト

動画の投稿を続けていくと、だんだんとチャンネルに動画が増えていきます。動画が多くなると、自分のチャンネルにアクセスした人が観たい動画を探すのが難しくなってきます。

ある程度の動画数になったら、「再生リスト」を作ります。チャンネルのなかで、カテゴリーごとに動画を表示させることができるので、視聴者にとってもわかりやすくなります。

カテゴリーの種類は自由に設定できます。これまで投稿してきた動画を、視聴者に対してどのように見せたいのかを考えて決めましょう。私の場合、「ＳＮＳクリエイター」や「集客ノウハウ」、「成功事例」などのカテゴリーに分けて、再生リストを作っています。

第6章

LINE公式アカウントで結果を生み出す

友だち100人で売り上げ100万円

ここまで、Instagram・Twitter・YouTubeを使って集客をする方法を説明してきました。こうして集めた見込み客は、「LINE」のビジネス版「LINE公式アカウント」に誘導し、「友だち登録」をしてもらいます。

Instagramではプロフィール欄、Twitterはプロフィール欄か固定ツイート、YouTubeなら動画それぞれの概要欄に、LINE公式アカウントのURLを記入します。LINE公式アカウントのURLは、アプリをダウンロードしてアカウントを開設すれば生成されます。このURLをそのまま貼りつけてください。

LINE公式アカウントはもともと大企業に限定されたサービスで、中小企業向けには「LINE＠」という別のサービスがありましたが、2018年12月、LINE＠もLINE公式アカウントに統合されました。

このサービスでは、友だち登録してくれた見込み客全員に、LINEを送るのと同じ感覚で情報を届けられます。見込み客側は、通常のLINEアプリでそうした配信を受けたり、配信者と各種コミュニケーションを取ったりできます。

見込み客がLINE公式アカウントにメッセージを送った場合、メッセージは配信者にしか見られません。見込み客にとっては、つねに配信者との1対1のやり取りになるので、プライバシーが守られます。そのため、見込み客も他の登録者の目を気にせずに、商品やサービスについての問い合わせができます。

こうしたコミュニケーションを通して、見込み客に対する「教育」を行なっていきます。コーチングやコンサルタント業の人を対象にしたわれわれの調査では、LINE公式アカウントの「友だち」が100人を超えた場合、ほぼ全員の売り上げが100万円以上伸びたという結果が出ています。LINE公式アカウントは、それほど教育に適したツールなのです。

登録者限定プレゼントを用意する

各SNSにLINE公式アカウントのURLを掲載するときには、合わせてプレゼントの案内をつけておきましょう。友だち登録してくれた人限定の特典です。

プレゼントする資料や動画の内容は業種によって異なります。自分のサービスで提供するノウハウをまとめたＰＤＦや動画。このためだけに作るのではなく、すでに使っているものでも大丈夫です。新しく用意する場合でも、プレゼントを作るために高度なスキルはいりません。Word や紙にメモしたものをＰＤＦ化してもいいでしょう。

私がよくLINE公式アカウント登録時のプレゼントとして見込み客に差し上げているのは、「ＳＮＳで月に１００人集客するためのＳＮＳ活用バイブル」や「LINE公式アカウント配信テンプレート10選」といったＰＤＦ形式の資料、５分程度の動画などです。

ほかの業種の例では、ダイエットコーチの人なら「21日間で○キロ痩せるための食事術」という5分程度の YouTube 動画をＵＲＬで送ると、ダイエットに興味のある見込み客は喜んでくれそうです。エステティシャンなら「小顔マッサージのやり方」、整体師なら「自宅でできるストレッチ」など、自分が持っているノウハウをまとめたものをプレゼントにするといいでしょう。

ただ、見込み客が求めていない情報をプレゼントしても意味がありません。「これを無料でくれるんだ」と感謝してもらえるような動画やＰＤＦを意識して選びます。

また、LINE 公式アカウントには商品・サービスの割引などができるクーポンを配ることのできる機能があります。ただし、やりすぎは危険です。目安としては月に1度程度。多すぎるとクーポンが安売り広告のように見えて、見込み客からの印象が悪くなってしまいます。ブロックされやすくなりますし、「クーポンを1回だけ使って後はもう買わない」というお客様も出てきます。

アプリの初期設定

ここまでの Instagram・Twitter・YouTube は読者のみなさんにもなじみのあるサービスだと思いますが、LINE 公式アカウントは初めて使うという人も多いと思います。LINE を使っている人であれば基本的な使い方に迷うことは少ないと思いますが、念のため、押さえておかなければいけない初期設定についてお話しします。

まず、1対1のチャット機能をオンにしておきます。これがオフだと見込み客と個別にコミュニケーションが取れません。ホーム画面から次のように設定します。

「設定」→「応答」→「応答モードに移動」→「チャット」→「変更」

次に「タイムライン」の設定です。LINEのタイムラインは、InstagramやTwitterでいうところの投稿欄のような機能です。この機能を有効に活用する方法については後述しますが、あらかじめ次の設定をしておいてください。

投稿を見た人が「いいね（スタンプ）」できるようにしておきます。この設定をしておくと、タイムラインに投稿した際、友だちがスタンプを押すことができます。

そしてスタンプしてくれた人の友だちにも、その投稿が表示されます。そこから投稿元のLINE公式アカウントに興味を持った人が、新しく登録してくれる可能性も期待できます。

「設定」→「タイムライン」→「ユーザーインタラクション」→「いいねのみを受け付ける」→「保存」

最後に、見込み客が登録してくれたとき、自動的に届くあいさつ文を設定します。

ポイントは簡潔にまとめることです。登録のお礼の後に自分のコンセプトを書き、続けてこのLINE公式アカウントで得られるメリットを箇条書きします。その後に前述の登録時プレゼントのダウンロードURLなどを記載します。

最後に、自分のInstagram・Twitter・YouTubeのURL、もしくはLINE公式アカウントのタイムラインのURLを書き込んで完成です。

「教育」のために何を伝えるか

LINE公式アカウントで配信する内容は、お役立ち情報・プライベート情報・教育が3対3対4くらいのイメージです。

お役立ち情報とプライベート情報の内容は、基本的にInstagram・Twitterと同じでOKです。ただし、それだけだと見込み客は毎回同じ情報しか得ることができません。プライベート情報は特に問題ないですが、慣れてきたらもう少し深いお役立ち情報を配信していきましょう。「LINE公式アカウント限定の特別情報」として自分の持つノウハウの7割くらいを伝えてOKです。

7割も出していいのかと思われるかもしれません。実際にお役立ち情報を配信してばかりで肝心のサービスが売れない人もいます。しかし情報過多の時代、本当に役立つかどうかわからないものに、高額なお金を払ってくれる人は少なくなっていきます。

それに、こういってしまうと元も子もありませんが、みんなノウハウを読むだけでは行動しません。仮にライザップからトレーニングの方法をLINE公式アカウントで配信されても、それを実行して痩せられる人は少数だと思います。

英会話教室の体験入学や、大学のオープンキャンパスがあるように、まずは中身を先に見せてあげる。そして納得してもらってからお金を払ってもらう。そうした信頼関係の構築が重要です。お役立ち情報を出すだけで売れないのは、教育ができていないからです。

教育に重要なのが、3つの「なぜ」です。「なぜ私なのか」「なぜほかの同業者では駄目なのか」「なぜいまなのか」。

「なぜ私なのか」はコンセプトに直結します。「〇〇の専門家だから」「これだけの実績があるから」といった部分です。

「なぜほかの同業者では駄目なのか」では差別化を考えます。「このサービスにはこういう不満がありがち」「相場は〇〇円と高額」と問題点を伝え、自分のサービスではそうした心配はないということを強調します。

「なぜいまなのか」は、いまお金を払って買わなければいけない理由です。といっても「2021年1月1日に――」ということではなく、「いまやらなければいつまで経っても痩せない」「いま始めなければ老後の健康が不安」といった形です。
「夏に間に合わせるために」といった季節性があればなお効果的です。

とにかくわかりやすい文章で

Instagram・Twitter・YouTubeでの言葉遣いについては特に細かく気にする点はありませんが、LINE公式アカウントを配信する際には意識しておくべき点があります。「極力漢字を使わない」「一部の人にしかわからないような専門用語を使わない」「わかりやすい文章を心掛ける」の3つです。

私はこれを「小学3年生でもわかる文章で」と表現しています。読めない漢字や意味のわからない言葉があったり、文章の意図がわからないと感じたりしたら、その時点で見込み客は読むのをやめてしまいます。

LINE公式アカウント配信の目的は「見込み客との距離をいかに縮めるか」です。見込み客が購買に至る前に離れてしまえば、これまで実践してきたSNS集客も無駄になってしまうのです。

文章のわかりやすさに大きく影響するのが文章の量です。

まず、配信1回につき、吹き出しの形で表示されるメッセージ1つが基本だと考えてください。何個も続けてメッセージが配信されると、それだけで読む気がなくなってしまいます。

1つのメッセージの文章量もコンパクトに考えます。文字数でいえば300〜500文字。みんな普段からLINEでやり取りをしていて、そこでは短文のやり取りが中心です。見込み客側は同じアプリで配信を読むわけで、長文だと読み切る前に挫折する人が多くなってしまいます。

配信のタイミングと回数

LINE公式アカウントの配信頻度やメッセージを送る時間帯は業種によって考

え方が異なります。ここでは、コンサルタントやコーチといったお店を持たない対人サービス業と、お店でモノを売るビジネスの場合でご説明します。

対人サービス業の場合は、3日に1度くらいが目安になります。毎日配信していると「面倒くさい会社だな」と思ってブロックされてしまいます。これはわれわれの調査から判断した基準です。

配信する時間帯としては、21時以降が読んでもらえる確率が高くなります。ただ、21時ちょうどは同業者も配信することが多いので、少し時間をずらしましょう。それだけでも見込み客が見逃す可能性は大幅に減ります。

商品を売るビジネスの場合の配信頻度は、対人サービス業に比べて若干低く、1週間に多くても2回までです。こうした業種のLINE公式アカウントを調べると、1週間に2回以上の頻度で配信している人はほぼいませんでした。その分、たくさん配信してしまうと悪目立ちして、ブロックされる原因になります。

配信の時間帯は遅くても20時まで。お店の常識として「夜遅い時間には宣伝の連絡はしない」というものがあり、お客様も無意識のうちにそう認識しています。

20時以降に配信してしまうと、「この店は非常識だな」と思われることになりかねません。

LINE公式アカウントには、自動配信してくれる「ステップ配信」という便利な機能があります。登録してくれた人に1通目はこの内容、2通目はこの内容と自動的に配信できます。また配信する時間の間隔も配信者が設定できます。新しい見込み客がLINE公式アカウントに登録するたびに同様に配信されていくので、とても便利です。

「タイムライン」を活用する

LINEはメッセージアプリとしての印象が強いのですが、LINEの全ユーザーの6割は「タイムライン」を見ています。この機能もしっかりと活用していきましょう。

タイムラインには、主にお役立ち情報を配信します。投稿するときには、「この投稿を見て参考になったらスタンプをつけてください！」とつけ加えます。

また、タイムラインに反応してくれた人にプレゼントを用意します。たとえば、「今日は〇〇のＰＤＦ資料のプレゼントがあります！　欲しい人はこの投稿にスタンプを押した後に、僕の LINE 公式アカウントに『プレゼント希望』とメッセージを送ってください」といった内容です。

プレゼントの内容の考え方は友だち登録時プレゼントと同様です。ただ、あまり頻繁にしても特別感は薄れるので、２週間に1度程度がいいでしょう。

こうして見込み客に「反応してもらう」ということは、大きな集客活動の１つでもあります。自分の投稿にスタンプがつくと、そのスタンプをつけてくれた人の友だちにも投稿が表示されます。仮に10人の見込み客がスタンプをつけてくれたとして、それぞれ友だちが１００人いたら、合計で１０００人の LINE ユーザーにその投稿を拡散できることになります。

LINE のタイムラインは軽視されがちですが、とても大きな可能性を持っています。しっかりと活用していきましょう。

LINE通話でセールスをかける

LINE公式アカウントの登録者数が30人程度に増え、YouTubeも始めた。ここからいよいよセールスの段階に入ります。使うツールはLINE通話です。慣れない間は、直接見込み客と通話することに緊張してしまうと思います。腰が重くなってしまいがちなので、登録者数が30人を超えた段階で、「この日からやろう」と決めておきましょう。

まずはLINE公式アカウント配信で無料体験の募集をします。

たとえば「昨日ダイエットについての私のブログ記事を紹介したところ、80人から反響がありました！　ブログ記事では伝え切れなかったノウハウを求めている人がたくさんいることがわかったので、今回、限定5名にそれをお教えします！

興味のある人は、『無料相談希望』とメッセージをください」といった内容です。

こうした過程を踏まずにいきなり売ろうとすると、見込み客は〝売られる感〟

を感じてしまいます。商売っ気というか、ガツガツしているというか、無理やり売り込まれているイメージです。これを感じると、見込み客はすぐに離れてしまいます。

また、募集型にすることで、そのノウハウに興味のある人だけに絞り込むことができます。「興味のある人はいますか?」と聞いて、手を挙げてもらうわけです。その相手に提案することで、お互いにストレスが少なくなります。

そうして募集に答えてくれた人にアポを取ります。「鉄は熱いうちに打て」といいますが、できれば3日以内。これは営業の鉄則です。

アポの取り方の注意点として、「いつがいいですか?」といった投げかけはNGです。

相手に「1カ月後で」と言われてしまえば、待つしかなくなります。また、「○日で」と返事があって、それと自分の都合が合わなければ、「その日は難しく……」と、やり取りが増えてしまいます。具体的なスケジュールを提案するようにしましょう。

これはお客様に振り回されない、ということでもあります。

LINE公式アカウントを始めると、見込み客から問い合わせが来ることがあります。あるいはTwitterやInstagramのDMなどから来る場合もあります。こうしたとき。あまり親身になりすぎないことです。

1つの質問に対しては1つの答えを返す。気を利かせてその質問に関連したほかの情報まで伝えることはありません。詳しく案内しすぎてしまうと、「この人は無料で教えてくれるんだ」と思われてしまいます。

また、その分自分の時間も取られてしまいます。繰り返し問い合わせが来るようであれば、「通話のほうが早いので、お時間空いているときありますか?」とメッセージを返してセールスにつなげます。

ビジネスをしていれば、なるべくお客様の要望に応えたいと思うのが当然です。もちろんお客さんは大事な存在なのですが、振り回されてはいけません。これは重要なマインドセットです。

1回目のセールスで話す内容

LINE通話でのセールスは、1回目と2回目以降で分けて考えます。

1回目ではクロージングまで行かないようにします。もちろん1回目の通話で「購入を決めました」と言ってくれる場合もありますが、こちらから選択を促すようなことは言いません。

これもやはり〝売られる感〟を感じさせないためです。また、1回目と2回目の間に考える時間があることで、見込み客は自分で考えた結果、「買う」という選択をした、という実感を持ちます。人は自分の選択を肯定したい生き物です。その心理が満足度を高くします。同じ結果であっても、考える時間を持てなければ「自分で決めたことだ」という実感がわきません。

1回目の通話は15分以内で終わらせます。

1度にたくさん話しすぎると、お客様の時間も奪ってしまいます。軽い気持ちで問い合わせてきたお客様を遠ざけてしまいかねません。自分の時間を効率的に使う意味でも、短めに設定します。

本題に入る前に、まず自分のことを知っているか尋ねます。もちろんこれまでにやり取りをしているので知っているのは当たり前なのですが、見込み客の心の中に「SNSで見たあの人だ」というイメージを持ってもらうためです。

次に、事前の約束どおり15分の時間が取れるかどうか聞きます。通話の所要時間を伝えることで、見込み客が話を聞く態勢ができているかを確認します。

そこから見込み客の悩みをヒアリングします。何に困っていて、どうなりたいのか。しっかり話してもらう。15分のうち8割は相手に話してもらうイメージです。これはサービス業ではなく、商品を売る場合も同じです。生活のなかのどんなところに不足を感じているのか、なぜ欲しいと思うのかを聞きます。

その上で、悩みの解決策への誘導として、2回目のセールスのアポを取ります。「いま聞いたお悩みを解決することが可能です。たとえば、〇〇〇といった方法（商品）があります。ほかにもご説明したいのですが、今日はもう15分経ってしまったので、また後日お電話できないでしょうか。できれば60分ぐらいお時間をいただきたいのですが……」。これもできれば3日以内、遅くとも1週間くらいで設定します。

2・3回目のセールスで話す内容

2回目のセールスは30〜60分で考えます。ここでもいきなりセールスに入ると売られる感が出てしまうため、あいさつと1回目の通話のお礼を言って、ちょっとした雑談をします。「どこにお住まいなのですか」程度なら、プライベートなことも聞いてOKです。

セールスでは、ノウハウを話しすぎると相手がその情報に価値を感じなくなってしまいます。そこで前半は含みを持たせながら価値提供します。

ここで与えるべきは気づきです。たとえば「集客できないけれど、どうすればいいでしょうか」という悩みに「LINE公式アカウントは週に何回で――」と直接的に教えていくのではなく、まず気づいてもらう。「集客のときは認知が大事なんですよね」「なぜLINE公式アカウントかおわかりですか」。そうして見込み客自身が考え気づくことで、満足度が上がります。気づきを得ることで、もっと知りたいと思う。それを聞いて納得する。だから「買いたい」となるわけです。

全体の折り返し地点で、「こういう商品があるのですが、ご興味があれば続けます」と促します。断られたら、3回目のアポにつなげます。ただ、ほとんどの場合、ここで「もう結構です」とはなりません。9割は話を続けて聞いてくれます。

そこから具体的に商品の説明をした上で、自分の商品・サービスの他社とは異なる魅力を伝えます。その後、自分のビジネスの目標や夢を話します。自分の思いや熱意を話すことで、さらに共感を引き出します。

そしていよいよクロージングです。といっても特別なことはしません。シンプルに「買いますか。買いませんか」を聞くだけです。無理に売ることはしません。

ここで引かれたときの対応は難しいところです。一度断られてから「実は今回限定の特典があります」「いまなら特別価格です」とプッシュする方法も考えられますが、気をつけなければこれも売られる感につながります。

引かれたら、いったんはそこで通話を終え、もう一度アポを取ります。

2回目のセールスで具体的な商品説明に至らずに終わっている場合、3回目ではその部分から話しますが、クロージングまで話したのであれば、伝えるべきことは伝えています。改めて悩みや購入を迷っているポイントなどを聞き出したり、商品説明をしたりします。そして最後に再度クロージングです。

3回で購入に至らない場合は、それ以上セールスしても良い結果が出ることはほぼありません。後日「先日はありがとうございました。新しい動画を作ったので見てください」とメッセージを送る程度にします。

成約率の考え方

見込み客のうち、どれくらいの人たちが買ってくれるのか、つまり成約率の基準は単価によってさまざまです。一概にはいえませんが、われわれのスクールの生徒さんの例でお話しします。

成約率は、その月に新規でLINE公式アカウントに登録してくれた人のうち何パーセントが買ってくれるかで考えます。平均を取ると、単価30万円前後の商品であれば3パーセント、50万円前後になると2パーセントあればいいほう。80万〜100万円であれば1パーセントあれば十分です。テストを重ねた結果、これくらいが標準です。

セールスをかけた相手に対する割合で考えると、2回目のセールス、つまり最初のクロージングで40パーセントくらいの制約が基準になります。そこからこぼれた60パーセントのうち、20パーセントくらいは3回目のセールスで買ってくれます。

この割合に届かないのであれば、セールスの方法を見直したほうがいい。最初はなかなか難しいと思いますが、断られたことで落ち込む必要はありません。失敗を経験した分だけ、確実にセールスのスキルは上がっています。

セールスでは、必ず「レジュメ」を作っておきます。「こんなことを言えばいいかな」というように、感覚ではやらない。しっかりと言うことを決めて、反応を見ながらブラッシュアップしていきます。

もちろん営業トークを教える本やセミナーで学ぶのもいいでしょう。そうしたスキルアップを経て、成約率が基準を超えている場合は、すでに売りつくしてしまっている可能性があります。それぞれの業界で、ある程度の成約率の相場があります。それ以上に上げようとするのは99点を100点にしようという努力です。セールスを頑張るのではなく、集客や教育に時間を使いましょう。

すべては時間の使い方で決まる

ここまでお話ししたSNSマーケティングは、すべてスマホ1台でできます。それほどの時間がかからないということは、お話ししたとおりです。

スケジュールを決めて、毎日そのスケジュールどおりにやりましょう。私の場合はGoogleカレンダーを使います。その日やることを時間単位で書いていく。箇条書きでは実行できません。ちゃんとその時間に何をするかを決めておきましょう。

そうして確保した時間に集中して作業することも大事です。人間の集中力は45分間が最大だといわれています。ストップウォッチで45分を測り、時間が来たら5分休憩。それを繰り返します。あるいは場所を変えてカフェに行く。スマホでできるので公園でもOKです。

「時間」に対する意識はシビアに考えてほしいところです。私たちは何かと理由をつけて「今日はいいや」と考えてしまいがちですが、何があってもスケジュールは守らなければいけません。

1日1日の積み重ねがとても重要です。ビジネスの世界にはライバルがたくさんいます。そのなかに自分より2時間早く起きて仕事をしている人がいたら、1年間でほぼひと月分の差です。自分は12カ月しかないけれど、相手は13カ月ある。それが結果にどう響くかは明白です。

とはいえ、どうしても面倒な日があると思います。そうしたときも、3分でいいからやってください。3分頑張れたら5分。それで続けてやる気にならなければ、その日は寝てもいいと思います。

ただ、毎日絶対にスマホに向きあってください。少しでもいいから毎日続けていくことで、習慣になっていきます。途中で途絶えてしまえば、翌日また始めることに大きなエネルギーが必要になります。そうして2日休んで3日休んで……。どんどんリスタートが難しくなっていきます。

どれだけ成功している人でも、貧乏な人でも、与えられている時間は平等です。うまくいくかいかないかは、結局、どう時間を使うかです。副業でビジネスをしていて、本業でSNSマーケティングにかける時間がないというのなら、1時間早起きしましょう。それがそんなにつらいことでしょうか。

この4カ月は、ストイックに考えましょう。プライベートの誘いは断ってください。飲み会に行くことと、自分の収入を上げることのどっちが大切か。4カ月なんてあっという間です。収入が安定したら飲みに行けばいい。半年後でも1年後でも、飲み会はあるはずです。

第7章

理想のライフスタイルにたどり着く

どんな生活をしたいですか？

フリーランス・経営者としてひと月にどれくらい稼ぎたいか。なかには20万円、30万円という人もいますが、多いのは50万～100万円かなと思います。会社員の頃の収入から考えて、同じくらい、あるいはもう少し高く、といったところでしょう。

前章まではとりあえず生活が成り立つ30万円の売り上げを基準に考えましたが、それで満足するのはもったいない。自分はどれくらいの収入が欲しいのか、まずは目標を立てましょう。

実際にSNSマーケティングを活用したビジネスに取り組む際は、この目標設定からスタートしてほしいと思います。その目標にたどり着く最初の過程として、4カ月間があると考えてください。

目標を考えるときには、具体的な金額よりもどんなライフスタイルを望むかから考えるほうが、はっきりします。

「お金を稼げるようになったらどんな暮らしがしたいですか?」と聞かれても、はっきりしていない人が結構います。「おいしいものが食べたい」「ブランド品が欲しい」「いい家に住みたい」。それでいいのですが、もっと明確にしていきます。たとえば「週に1回はフレンチを食べる」「半年に1回海外旅行に行く」「○○のタワーマンションに住む」。するとそのライフスタイルを叶えるためにどれくらいの収入が必要かを計算できます。

それが実際に稼がなければいけない目標です。年収500万円で足りる人もいれば、1000万円でも足りない人もいます。金額は人それぞれですが、大切なのはお金がどれくらい欲しいかではなく、どういう生活をしたいか、です。まずはそこをはっきりさせましょう。

理想を具現化する「ビジョンボード」

自分の理想のライフスタイルをはっきりさせる。そのためのワークとして、「ビジョンボード」というものがあります。3×3の9マスに写真を配置するもので、真ん中に自分の写真を置いて、残りの8マスを埋めていきます。

8つの写真は、自分の理想の将来像を象徴するものです。それぞれどんな写真にするかを決めるために、まずは自分のわくわくすることを書き出していきます。どんな仕事をするか、プライベートの時間に何をしているか、どんな家に住んでいるか、どんな車に乗っているか、誰と一緒にいるか。何でもOKです。

そうして書き出したなかから、特に魅力的に感じるものを8個選んで、それに合った画像を探します。たとえばあこがれの車の写真や、豪邸の写真。インターネット検索で探せる画像で十分です。誰に見せるわけでもないので、肖像権なども気にしなくて大丈夫です。

写真が揃ったら、1枚の画像に加工します。Excelなどで簡単にできます。多少いびつでも構いません。そうして出来上がった8マスの画像をスマートフォンの待ち受け画像にします。

自分がしっくりくるものであれば基本的にどんな写真でもいいのですが、すぐに浮かばない人もいると思うので、例を挙げておきます。

・お金（札束の画像）
・健康（あこがれの体型の画像など）
・家族（パートナーや子どもに囲まれたイメージなど）
・恋愛（好みのタイプの有名人の画像など）
・人間関係（みんなに囲まれているイメージなど）
・趣味（釣り・キャンプ・ゲームなど趣味のイメージ）
・欲しいモノ（家・車・時計など）
・やりたいこと（海外旅行・陶芸体験・豪華な料理など）

ビジョンボードは自分の理想のライフスタイルを知るためのワークでもありますが、よりその理想に自分を近づけるための手法でもあります。

人間には顕在意識と潜在意識があり、97パーセントは潜在意識だといわれています。この潜在意識が現実を作っています。顕在意識で「お金が欲しい」と言っていても、潜在意識では「無理だ」と思っている。だからお金は入ってきません。

潜在意識はとてもガンコです。知らず知らずのうちに、それが私たちのメンタルブロックになっています。このブロックを取り払うことで、理想のライフスタイルへと半自動的に近づいていきます。

スマホを開くたびにビジョンボードが目に入ることで潜在意識に働きかけます。人は1日に平均260回スマホを触っているというデータがあります。接触回数が多いほど潜在意識に入りやすくなります。

それに、頭があまり働いていないときのほうが効果的です。寝起きや寝る前など、なんとなくスマホを開いたときに働きかけることができます。

ビジョンボードを見て、最初は「こんなの無理だ」と違和感があっても、だんだんと自分がそう望むことが自然になってきます。そうしてハードルが下がって、「自分でもやれる！」と思えるようになります。

そう考えると写真はたくさんあったほうがいいようにも思えますが、多すぎても頭に入りません。8個くらいがちょうどいい数です。実際にやってみると、すぐに出てこない人、あるいはたくさんありすぎて迷う人もいます。どちらの場合も、願いを叶えた自分を想像しながら、楽しくやってみてください。

自分の価値をいくらで売るのか

理想とするライフスタイルが決まり、それを叶えるための収入もわかった。それが仮に年収で1000万円だったとします。

1000万円稼ぐためには、売り上げがいくら必要か、税金や支出のバランスを踏まえて考えます。そこから月いくら、1日にいくら、単価をいくら、と考えていくわけですが、いきなり目標額に向けて単価を決めるのは、あまりおすすめできません。

仮に目標に到達するために5万円の単価が必要だとして、その金額に自分が違和感を覚えないのであればいいのですが、いきなりその額で売ると気後れする場合が多い。また、ある程度ハードルを下げておいたほうがお客様も集まりやすいですし、その分認知度も高まりやすくなります。

最初はお試し価格として、自分の抵抗の少ない金額から始めていきます。業種によって異なりますが、1万円、2万円。それでも高いと思うなら、5000円でも大丈夫です。まずはお金をいただいてサービスを提供するという経験がすごく大事です。そこから単価を上げていけばいい。

金額を上げることに抵抗がある人もいると思いますが、最初に高めに設定してから下げると、逆にクレームになりやすいといえます。先に買った人が後から安くなっているのを見て、損したと思うわけです。

ではどのタイミングでどれくらい単価を上げるか。その基準も自分の感覚でいいと思います。たとえば1時間3000円でサービスを提供しているうちに、少し物足りなくなってくる。これだけやっているのに3000円ではやっていられないな、と感じるようになる。そこが単価を上げるべきタイミングです。

そして最終的な最大値を、自分の目標に合わせて決めればいいと思います。目標のためには月150万円の売り上げが必要。実働25日、1日に2人受けるスタイルなら、1人の単価は3万円です。

とはいえ、あまりに安くても高くても良くないので、同業者と比べておくことは大事です。たとえばダイエットのノウハウを提供するなら、ライザップはいくらでやっているか、個人でやっている人たちの単価はどれくらいか。これもコンセプトを作るときと同様に、10社くらい調べて相対的に決めます。

付加価値で差別化を図る

ある程度ビジネスの形が固まったら、お客様から吸い上げながら進化させていきます。最大のヒントは買ってくれたお客様の声です。電話で直接聞くことも大事ですが、マイナス面はお客様側も伝えづらいので、アンケートのほうが本音を引き出しやすくなります。

アンケートの形式は「とてもいい・いい・いまひとつ」といった選択式の設問よりは、記述式にしたほうがリアルな本音がわかります。

聞くべき内容は、「買う前と後でどんな変化があったか」です。これもLINE公式アカウントでできます。お客様が実際に何を求めているのか、どれくらい満足をしているのかがわかります。もちろん「この点を改善してほしい」「こんなサービスがあればいい」といったことも聞いていきましょう。そうしてさらなる信頼構築をしていくことで、お客様の満足度も上がります。

そうしたヒントを元に、もっと単価を高くしてもいいと思えるような付加価値を考えます。

付加価値とは、商品やサービスのベースとなる価値、つまり同程度の単価の商品の平均的な価値にプラスαとして加えることのできる価値です。ベースとなる価値は前述の考え方で決め、それに何を足せばほかにない価値となるかを考えます。ここはオリジナリティに関わってくる部分です。自分にしか提供できない価値はないかを考えましょう。

ただし、このときも商品の質を良くしていく方向性では考えないようにします。あくまでベースとなる価値は平均的なものでいい。別の視点で何かを加えることができないかと考えます。

弊社の場合でいえば、「創業1年で年商1億円を達成したLINE公式アカウント配信のテンプレート」。これはベースとなる価値（SNSマーケティングのノウハウ）＋αになっていることがわかるのではないでしょうか。

自分の付加価値が金額的にいくらのプラスになるのかは、リサーチできません。オリジナルなものであるからこそ付加価値なわけです。とはいえ、そこで「これくらいの金額が欲しい」「こんなに取ってもいいんだろうか」と考えていると、実際に高いのか安いのか、ちょうどいいのかがわかりません。

そこで、「もし自分が買うとしたらいくら払うか」で考えます。自分が客の立場だったとして、いくら払えるかです。小さな思考の転換ですが、客観性を持って考えることができます。

ベースとなる商品にオプションとして加える形式にしてもいいと思います。「いまご契約いただいたら、コンサルを2回プラスします」。オプションであれば、付けるか付けないかをお客様が決めるので、こちらのほうが単価アップの抵抗は少ないかもしれません。

単価を上げるというと、メインのサービスの質を上げる方向で考えがちですが、時間がかかりますし、価値がわかりづらい。効率よく売り上げを上げるという意味でいえば、付加価値を考えたほうが近道です。

ビジネスは公式で成り立っている

ビジネスは売り上げを高くすることより、安定させることのほうが大事です。100万円が目標だとして、どこかで50万円稼げるようになった。そこからさらに100万円を目指す前に、50万円を毎月稼ぐことを優先します。今月100万円あっても来月20万円となると、精神的にもつらくなってきます。

売り上げがどれくらいの金額になるのかには、公式があります。

商品単価×見込み客数×成約率＝売り上げ

実に単純です。これ以上でもこれ以下でもありません。
商品や業種の違いはありますが、第6章でお話ししたとおり、仮に単価が50万円であれば、目標とすべき成約率は2パーセント程度です。100万円を稼ぎたいなら、見込み客のリストが100必要です。見込み客が足りないのであれば集客に問題があります。見込み客が十分いても成約率が低いのであれば、原因は教育かセールスです。その場合、セールスまで至る数が少ないのであれば教育が原因です。セールスしているのに売れないのであればセールスのやり方が原因です。

売り上げが上がらないのであれば、このどこかに問題があるわけです。逆に売り上げが上がっているからといって安心はできません。仮に見込み客の取得数が先月と比べて低くなっているなら、そこに対応しておかなければ来月の売り上げは上がりません。

公式を分解すれば、改善ポイントがわかります。そのために大事なのは、データを取ることです。みんな「Instagram に投稿してもフォロワーが増えない」「LINE 公式アカウントの配信をしても売れない」で終わってしまいます。そうではなく、数字だけを判断軸にする。「これでいけるだろう」といった主観を挟み込んではいけません。

売り上げの推移や成約率は週単位でチェックしましょう。また、本書で紹介しているSNSでは、原因分析のための各種データをチェックできます。

まず、フォロワーの数やLINE公式アカウントの登録数は明確に数字でわかります。それにInstagram、Twitterには「インプレッション」という機能があり、ツイートのクリック数、プロフィールのクリック数、「いいね」やリツイート返信の数などをチェックできます（Instagramの場合、ビジネスプロフィールへの切り替えが必要）。

YouTubeには「アナリティクス」という機能があり、チャンネル登録者数の推移やその日何人が動画を観たかなどがわかります。LINE公式アカウントにも分析ページがあり、各種数字を見ることができます。

これらの数字も定期的にチェックしましょう。どんなツイートや動画の反応が良いかなど、客観的に分析することができます。まずは最低でも3カ月はデータを取ってほしいと思います。

このように、穴を見つけて埋めるために行動すればいいのだとわかれば、ビジネスは怖いものではなくなります。世の中のすべては因果の法で成り立っています。結果には必ず原因があります。売れる人は売れる種まきをしている。売れない人は売れない種まきをしている。その結果、銀行口座にどれだけお金が入るかが決まるのです。

忙しくなったら外注を考える

ビジネスを始めた当初はがむしゃらに進んでいくことができます。生活がかかっていますし、モチベーションも高い。しかし、ある程度のところまでいったときに、気がついたら「仕事に追われて人生が楽しくない」「何のために働いているのかわからない」といったタイミングがきます。

経営者が日々の仕事に追われてはいけません。会社員であれば夜遅くまで働くことが美徳とされる向きもまだありますが、経営者がそれをやってしまうと、ビジネスは伸びていきません。

1人で集客も教育もセールスも事務作業もやって、これ以上は無理。だいたいそのタイミングが年商1000万円くらいだと思います。もちろんそこに限らず、余裕がなくなってきたら、外注を考えましょう。

社員を雇うのではなく、まずは業務委託から考えたほうが無難です。年商1億円を超えるくらいになると社員を入れたほうが効率が良くなりますが、この段階ではリスクヘッジを優先します。

外注には、一気に任せるのではなく少しずつ。タスク単位で仕事をお願いします。たとえば契約書の発送、締結管理、入金管理。「自分でなくてもできること」「レバレッジがかからないこと」を任せていきます。いまはランサーズやココナラなど、ネット経由で仕事を頼めるサービスも充実しています。外注先はすぐに見つかるはずです。

このとき絶対に必要なのが、「マニュアル化」です。私の場合も、起業当初、スタッフに自分と同じように仕事をしてもらおうと思いましたが、できませんでした。大事なのは言語化です。たとえば「LINE公式アカウントの配信は読みやすいように書きましょう」と言っても相手はわかりません。「300文字から500文字で。読むのに1分未満くらいの文章量」。そこまで言って初めて他人が理解できるわけです。

一つひとつを噛み砕いて伝えることができなければいけません。世の中のノウハウは、ノウハウといいながらも抽象的なものが多い。それを徹底的に言語化して、読めば誰でも同じことができるところまで作り上げる。それが初めて実践的なマニュアルになるのです。

つねに上を目指さなければ現状維持もできない

順調に売り上げが上がって、目標額に到達したとします。とても幸せなことですが、そこで歩みを止めてしまってはいけません。

ビジネスで現状維持を考えるのは危険です。現在以上の売り上げを目指さなければ、下がってしまうケースが多い。これは脳科学の分野でも証明されています。つねに現状の1・3倍くらいを目指していなければ、人のモチベーションは維持されません。

上を目指していない限りは、成長が止まります。現状維持すらできません。自分の実力は変わらなくても、市場にはライバルが存在します。彼らは彼らで成長していくため、総体的に落ちてきます。

いまより高いところに自分を連れていく。そのために必要なのは、やはり学びの継続です。ここまでにお話ししてきたような、ビジネスのイロハとは別の勉強が必要になってきます。市場がどう伸びていくか、経済状況にどんな不安材料があるか。新しいテクノロジーや政治動向。新聞や本を読んだり、ニュースサイトをチェックしたり。その業界の情報やビジネスの常識はどんどん更新されていきます。

こうした勉強は売り上げに直結しないため、なかなか時間を取れない人が多いですが、少しずつやっておくべきです。

まずは簡単な情報収集からでいいと思います。自分の分野に関係のあることから勉強しましょう。いまはTwitterで有料でもおかしくないような情報を発信している人がいますし、YouTubeには専門家のチャンネルも増えています。特に後者は要約されていてわかりやすいですし、音声として移動中に聞くこともできるのでおすすめです。さらにその分野に関連した人の動画のリンクが張ってあって、より深く広く勉強していくこともできます。

ただし、どちらの場合も、気をつけていないとどうでもいい情報ばかり見てしまいがちでもあります。Twitterで情報収集していたはずなのに、気がつけばタレントのツイートを読んでいる、というのはありがちなことです。つねに「ビジネスのための勉強だ」という意識を忘れないようにしましょう。

それに、情報収集にどれくらいの時間をかけるかを決めておくことも大事です。ダラダラと見ていると、どうしても余計な内容に目が行きがちです。学ぶ時間は作ろうとしないと作れません。1日1時間の積み重ねが結果を分けます。それが厳しいなら週に2・3時間でもまずは十分です。上を目指すための勉強を日常に取り入れましょう。

浪費を抑えて投資にお金を回す

Twitter と YouTube を例に出しましたが、ある程度まではこうした無料の媒体で勉強できても、やはり限界があります。金額の大小はあれ、学びに対する自己投資も必要です。

1回3000円のセミナーがあるとして、これを高いと感じるか、安いと感じるか。情報を得ることもできるし、人脈が広がる可能性もあります。講師の話し方が上手なら、そのテクニックも参考にできます。

そう聞くと「3000円くらいならやってみようか」という人も多いと思いますが、コンサルティングを受けるのに30万円、となると尻込みするかもしれません。しかし、考えてみれば人はそれなりに自己投資しているのです。高校・大学、そこに入るための塾や予備校。ピアノや英会話教室。ビジネスになると急にもったいなく感じますが、これらと同じです。

ある程度売り上げが上がるようになると、やっぱりお金を使いたくなります。収入が上がれば、それに比例して支出も増えるものです。お金を使うことは悪いことではないのですが、無駄遣いは避けなければいけません。

1億円稼いで1億円使う人と、年収300万円で250万円使う人では、後者のほうがお金持ちです。要は、いかにキャッシュを残すかです。何かあったときに家族や事業を守れるようにしておかなければいけない。当たり前の話のようですが、大事なことです。

お金の使い方には「消費」「浪費」「投資」があります。消費は家賃や食費。最低限のものです。これを削ることは難しいですし、抑えようとする我慢しているという感覚が強く、ストレスも溜《た》まります。

投資は正しいお金の使い方です。ビジネスに対する直接的な投資も必要ですし、将来のために自分への投資をすることも大事です。稼いだお金をできるだけ投資に回す。すると売り上げも大きくなっていきます。

浪費が増えすぎてしまってはいけません。税金分を考えずに浪費しすぎて税金を払えないという人は結構います。われわれの塾では手取り収入の20パーセント以下。結構厳しめに設定しています。それで足りないのなら、収入を増やさなければいけないのだと考えましょう。

みんな普段の生活のなかで、気づかないうちに結構なお金を使っています。コンサルティング料が高いという人も、1年で考えれば30万円くらいの浪費をしているのではないでしょうか。コンビニでいらないものを買っていたり、毎日カフェのコーヒーを買っていたり。そこを見直すだけで結構な資金が捻出できると思います。

正しい学び方を知る基準

最近はセミナーや情報商材など、学びの場は無数に存在しています。玉石混交というのが実際のところで、なかには悪徳なところもあります。そのイメージばかりが先行して胡散《うさん》くさいと思う人もいます。

実際に怪しいものもあるので「怪しいんじゃないか」という目線は確かに大事だと思うのですが、そうしたところを除いて、「良い・悪い」の差はあまりないと思います。そのスクールに入って結果を出している人もいるし、出ない人もいる。第2章でもお話ししましたが、提供される情報の良し悪しではなく、自分との相性です。

ここでは、学びの場を選ぶ基準についてお話しします。根本にあるのは、私が過去の失敗から学んだことです。口がうまい人はいます。「これ、すごいな」と思って買い続けて借金450万円。そこから本質を見なければいけないと学びました。

学びの場を選ぶ基準の1つ目が、再現性の高さです。たとえばブログ集客スクールに入って、「HTMLでバナーを作りましょう」と教えられたとします。パソコンが得意な人は結果が出やすいですが、パソコンが苦手な人は何も再現できません。後者であれば、初心者向けにもっと簡単なことから教えてくれるスクールのほうがいいわけです。

2つ目に、投資回収の目途です。投資金額をちゃんと回収できるのかを考えます。コンサルティングに30万円投資して、1年後に1千万円稼げるようになるなら、安い投資です。逆に1万円の投資であっても、回収するのに5年かかるとなると、手を出すべきではない。高い安いではなく、費用対効果で考えなければいけません。

3つ目は、そこにいる人たちが実績を出しているかどうか。教えている本人はもちろん、塾生さんに結果を出している人がいるかです。

こうした基準で選んでも、学んでいるうちに違和感が出てくることがあると思います。それでも、まずは信じてやってみましょう。決められた期間学んでみて、それでも駄目だったら仕方ない。「次はこういうところはやめておこう」という基準ができます。途中であきらめてしまえば、そのスクールが良かったのか悪かったのかもわかりません。

「素直さ」は成功の大きな条件です。先生が教えている内容が少し間違っているのではないかと思っても、疑ってはいけません。「この人大丈夫かな？」と思ってしまうと、それだけで結果が出ません。

学びの場にいるのにガンコな人もいます。せっかく新しいことを教えられても、「いや、自分はこのやり方で」と言うことを聞かない。それで成功するなら、すでにうまくいっているはずなのです。

成長のステージ「守・破・離」

ビジネスに限らず、成長のためにはまずは人を真似ることが大事です。それで自分で結果を出せるようになって初めて、次のステージへ進むことができます。

よくいわれることですが、「守・破・離」という型があります。

最初は守りの段階。自分の頭で考えず、自分より結果を出している人の意見を取り入れます。

言われたことをやってみて、結果を出せるようになったら破る。いままで自分の中に蓄積されたものを組み合わせることで、自分なりの判断基準ができてきます。そうして少しずつ進化していって、オリジナリティが出来上がる。離れる段階です。

感覚的な表現になりますが、守の段階ではリサーチ・モデリングが10割、破になるとリサーチ・モデリング5割と、自分の頭で考えたオリジナルが5割。離はリサーチ・モデリングが3割、オリジナルが7割です。

スポーツに例えるとわかりやすいと思います。最初はイチローのバットの振り方だけを真似する。少しずつヒットが打てるようになってきたら、破の段階。バットの握り方を自分が握りやすいようにする。足の位置を変えてみる。自分がやりやすいように少しずつ変えていって、いずれ自分だけのフォームが完成する。それが離です。

「センス」「才能」という言葉がありますが、実際には、そんなものは存在しないと思います。少なくともビジネスにおいては「天性の才」なんてありません。もちろんそれぞれ生まれつき持っている得意分野はあると思いますが、それがそのまま結果につながるほど大きなものではありません。

どれだけ徹底して守をしたか、どれだけ頭を使って破の段階を進んできたかです。たくさんのリサーチをして、たくさんのテンプレートを知っている。その上で自分の考えを組み込む。突き詰めていえば、オリジナルなものなんてありません。他人からはその構築過程が見えず、表面にアウトプットされたものだけを見て、みんなセンスといっているだけなのです。

第8章

不安を打ち消す
マインドセット

お金をもらう・払うの抵抗を取り除く

本書ではここまで、主にSNSマーケティングやビジネスを形作るノウハウの部分をお話ししてきました。しかし、ビジネスを行なうのは人です。ノウハウだけでは動くことができません。自分を動かすためのマインドも大事です。

ビジネスをしていく上ではいろいろな不安や恐怖、メンタルブロックがあります。これらに足を引っ張られるのではなく、自分のマインドを自分の味方にする。最終章では、この部分に着目してお話ししていきます。

まずはお金をもらうことに対するメンタルブロックです。おかしなことを言っているようですが、お給料以外でお金をもらうことに抵抗を感じる人は結構います。「こんなことでお金をもらうなんて恐れ多い」と考えて積極的にセールスできないこともあります。

しかし、ビジネスの本質は悩み解決です。自分のところに相談に来ている、商品を見に来ている時点で、その相手は悩みを持っているということです。困っているお客様にその解決方法を売らないということは、見捨てているのと同じです。押し売りはしてはいけませんが、買うか買わないかの提案は絶対にするべきです。

そしてそのお客様にとって、「お金を払う」という行為は絶対必要です。人は無料で教えられても本気にはなりません。「せっかく払ったのだから無駄にしたくない」という意識が継続につながります。ライザップが結果を出しているのは、そのノウハウも秀逸なのでしょうが、「高い」ことも大きな要因だと思います。

もちろん相場以上のお金を取るのは考えものですが、ある程度の金額は払ってもらうほうが相手のためになる。これは自分の立場で考えてもわかると思います。

自分が提供できるものをお客様が買うことで、そのお客様は幸せになる。売り上げの総数が感謝の総数なのです。


お金をもらうことに対するブロックを外すためにも、まず自分がお金を払うことに対する抵抗を少なくすることが大事です。たとえば30万円のものを売るときに、自分が30万円を払ったことがなければ買う人の気持ちがわかりません。相手に対して最適なアプローチもできませんし、共感もしてもらえません。当然売れません。

同業他社のサービスを受けてみることも大事ですし、ほかの業種でもいい。少し頑張ってオーダースーツを買ってみる。あるいは普段行かない高級レストランで食事をしてみる。

すると、金額に合わせたサービスや品質を実感できます。接客が素晴らしいならそこからセールスの勉強になります。逆にこちらが気分を害するようなサービスがあれば反面教師にできる。買う人の気持ちを知ることで、売るスキルが身につくのです。

「1人の不安」へのアプローチ

本書で想定しているように、独立して起業家として働くのであれば、1人でやることがほとんどです。もちろん取引先や外注先との関係はあるにしても、自分のビジネスに責任を持って取り組むのは自分だけです。

組織の中で働いていた人がフリーになると、孤独感もあります。困ったことがあってもすぐに相談できる人がいない。不安を共有することができない。そうして本書を手に取ってくださった方もいるのではないでしょうか。

1人でいることの不安を解決する方法として、1つはコミュニティに入ることがおすすめです。同じような不安を抱えた人たちと不安を共有できますし、切磋《せっさ》琢磨《たくま》して成長できる。仲間はとても大きな存在です。私は無理に人脈を広げる必要はないと考えていますが、セミナーや交流会など、人と出会える場に参加することでビジネスパートナーが見つかる可能性もあります。

ただ、実際にフリーとして働いてみると、それほど寂しさや孤独は感じないと思います。それよりも、人間関係にしがらみのない自由のほうを強く感じると思います。嫌いな上司や気の合わない同僚とつきあわなくてもいい。嫌な相手に頭を下げなくてもいい。

世の中の物事には必ず陰と陽があります。フリーであるのは不安の反面、自由だというメリットがある。すべてセットです。メリットの部分に光を当てましょう。

小さな結果で大きな不安が消える

ビジネスをやっていれば、必ずうまくいかない時期があります。ビジネスを始めてから引退するまで、ずっとうまくいき続けることなんてあり得ません。しかし、結果が出ない時期が続いてしまうと、不安になってきます。そうして「自分には才能がないんじゃないか」「フリーで稼ぐなんて天才じゃないとできないんじゃないか」と考えてしまいます。

いきなり結果は出ない。一つひとつ進んでいくことで、必ずうまくいく。これは本書でもお伝えしてきたことですが、そうしたことが頭でわかっていても、感情はついてきません。やはり不安は付物だと思います。

途中でうまくいかない場合、やめたほうがいいのではないかと考えることもあります。もちろん、どんな事業でも絶対に伸びるわけでもなく、市場の変化もあります。見切りをつけるタイミングを見極めることはとても大事です。ただ、ある程度は続けてみなければ本当に需要がないかどうかはわかりません。まずは4

カ月やってみてください。

そこでファーストキャッシュをつかむことで、不安は一気に消え去ります。ビジネスに対する不安が消えるのは、結果が出たときです。目標額に届かなくてもいいから、自分の力で稼ぐという経験をなるべく早い段階でしておく。自分一人の力で稼いだことがないのと、1万円稼げたことには天と地ほどの差があります。自分が提供するものにお客様がお金を払ってくれた、この経験が大きな自信になります。

ファーストキャッシュにたどり着くという意味で、本書のノウハウは段階的に分かれていてわかりやすいと思います。確率論として、LINE公式アカウントで100人集まった時点で誰かが買ってくれることは保障されているわけです。

一度結果が出ればそこからは早い

セミナーや起業塾などで、仲間と一緒にビジネスを始めた人もいると思います。

あるいは同業種の誰かの過去の経験と、自分を照らし合わせながら考える。そうしたとき、周囲の人たちが自分より早く結果を出していたりすると、変に焦ってしまう人もいます。

結果が出るまでの道のりは人それぞれ。自分のペースがあります。周囲を気にしてはいけません。仲間をライバルだと考えるのは健全ですが、比較してはいけません。意識しすぎることで自己嫌悪に陥ってしまったり、その結果ビジネスをやめてしまおうかと考えてしまったりするようになります。

フォーカスすべきは、自分が他人より優れているか、早いかどうかではなく、自己成長できているかどうかです。昨日の自分よりも何か1つでも成長できたのであればOKです。今日はブログを書けた。そこを褒めてあげる。仮に4カ月でうまくいかなくてもそれでいいのです。

時間はかかっても、どこかで一度結果が出ればそこからは早い。私自身もそうでしたし、弊社のクライアントさんを見ても同じ傾向があります。私が初めて月商100万円を達成した月の前月の売り上げは10万円でした。弊社のクライアントさんでも、3万円稼げた翌月に70万円、120万円といった例が多い。

ＳＮＳでお役立ち情報を発信する。お試し価格でサービスをする。そうした価値提供をしていくなかで、見込み客からの信頼が溜まっていきます。目には見えなくても確実に溜まっている。コップが一杯になるまでは価値を溜めている状態。そこからあふれたときに売り上げとなって、自分に入ってきます。最初は売り上げが５０００円しかなかったとしても、積み重ねていけば最終的にその蓄積が一気に返ってきます。

ビジネスに感情を持ち込んではいけないとお話ししてきました。しかし、喜びを認めてあげることは大事です。小さい成功体験を積み重ねていくことでしか自信は生まれません。「LINE公式アカウント１００人達成！　飲みに行こう！」でもいい。偶然性に惑わされてはいけませんが、自分が狙ったとおりの結果が出たときは、大いに喜びましょう。

「諸行無常」の心得を知る

「諸行無常」という言葉があります。この世の中にあるすべての事象は、例外なく移り変わりゆくものであり、同じ状態のまま留まるものはありません。

そうであれば、何かが起きても気にするだけ無駄です。目の前のことに気持ちを左右されてはいけません。1カ月に30万円の目標を立てる。それを達成するための方法を考えることは大事ですが、やってみたら届かなかった。そこで落ち込んではいけません。正しくいえば、落ち込んでも意味がない。

時間は巻き戻せません。一度出てしまった結果は変えられないのです。それなのに結果を気にして落ち込んだまま働いていれば、翌月の売り上げにも響いてしまいます。結果を現実のこととして捉え、どこが悪かったのかを見極めていくことのほうが大事です。

失敗やうまくいかなかったときにこそ、成長のヒントはたくさんあります。「ピンチはチャンス」という言葉があるように、うまくいかなかったときにこそ次へのチャンスがある。飛躍的に成長できるのはそういうときです。むしろ、原因もわからないのにうまくいっているほうが怖いと考えるべきです。

つまりは「執着」を捨てるということです。執着とはエゴに過ぎません。「15万円しか稼げなかった」という過去を悔んでいる根本には、「自分は30万円稼げるはずだ」という思い込みがあります。達成できていないということは、まだその実力がなかったということです。

すべての感情を排してロボットのように考えることができるのであれば、理論上は失敗しません。結果が悪く出たのであれば、「なるほど、これが事実なんだ」と捉え、どう改善すればいいのかを考えましょう。

執着を捨てるワーク

執着からは何も生まれません。次を考えましょう。

というだけで執着が消えれば苦労しないで済みます。ここで簡単なワークをご紹介します。

ノートの中央に縦線を1本引きます。そうして左側にうまくいかなかったことを書き、右側には良かったことを書きます。うまくいかないことばかり思いつくかもしれませんが、そんなことはありません。悪いことと良いことは必ずセットになっています。

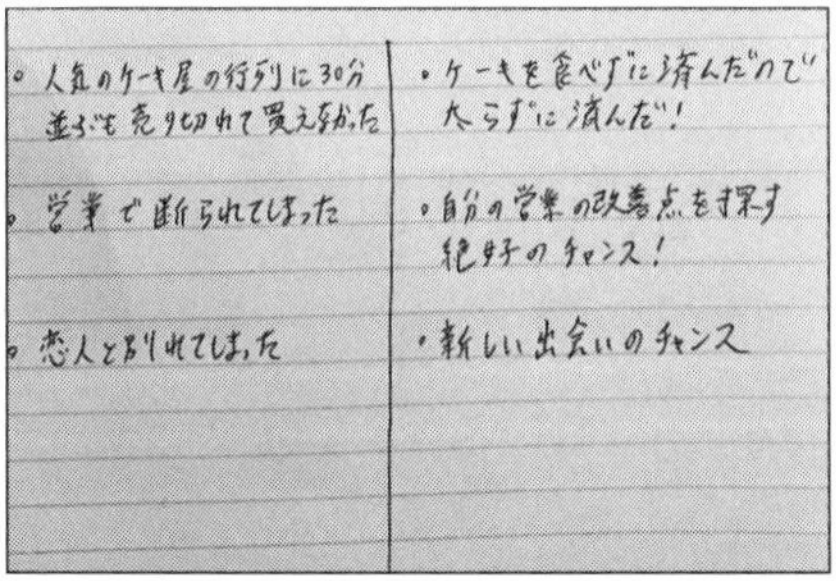

・人気のケーキ屋の行列に30分並んだで売り切れて買えなかった	・ケーキを食べずに済んだので太らずに済んだ！
・営業で断られてしまった	・自分の営業の改善点を探す絶好のチャンス！
・恋人と別れてしまった	・新しい出会いのチャンス

たとえば人気のケーキ屋さんの行列に並んで、無事ケーキをゲットできたとします。いいことのようですが、「カロリーを摂取してしまった」という悪いことも同時に起きています。

せっかく行列に並んだのに、ケーキを買えなかったとします。悪いことのようですが、「カロリーを摂取しないで済んだ」という、いい面もあります。こじつけのようですが、こうして物事の両面を見る癖をつけることで、執着に縛られないようになっていきます。

ワークで注意すべきなのは、「事実」を書くこと。自分の予測や主観はなるべく入れないようにしていきます。たとえば左側に「お客さんの数が少なかった」「クレームが入った」と書く。右側にはそれぞれに対応する良かった事実を書きます。「SNSに時間を使えた」「サービスの改善点がわかった」。

こうしたことは、頭の中で考えているだけでは駄目です。ノートに書いて、客観的事実に移し替えることで自分に言い聞かせることができます。こうしたワークを日常的に繰り返していくことで、いろいろな場面で感情を左右されないようになっていきます。

ドリームキラーに惑わされない

近年は独立する人が増えてきたとはいえ、まだまだ一般的とはいえません。始めようとすると反対されることもあると思います。

まず、単純に「お前なんかにできるわけないだろ」とバカにしてくる人の言うことは一切聞く必要はありません。自分だってできないから、チャレンジする人を邪魔したくなるわけです。チャレンジしたことのある人、成功したことのある人は、そうしたことは口にしません。反対するにしても、ちゃんと理屈を持って伝えてくれるはずです。

あるいは家族や友人、恋人など、親身になってくれる人ほど「本当に大丈夫なの?」と心配してくれます。そうした意見を聞くことは大事かもしれませんが、この場合も不安になる必要はありません。

人は無意識のうちに安定を求める生き物です。潜在意識の中で、現状維持をしたがるのです。これは生存のために必要な本能です。いままでとは違う環境に身を置くことは、生き物にとって危険なわけです。

そのため、親しい相手がそれまでと違ったことをしようとすると、人間は不安を感じます。家族や親しい友人から「独立する」と聞いた時点で、理屈で考える前に、反射的に心がざわつきます。だから止めるわけです。成否の可能性を考えて反対しているわけではありません。だから気にする必要はないのです。

もちろん、相手は自分のためを思って心配してくれているわけなので、説明することは大事です。自分は動きたいんだ、変わりたいんだということ、どのようにビジネスをやっていくかをしっかり伝えましょう。それでも反対されるなら無視していい。その相手が友だちだとして、仮につきあいが切れたとしても、またどこかで必ずつながります。反対されることは成功の前兆であることも多い。むしろ行動すべきタイミングなのです。

恐怖の97パーセントは幻想でできている

ここまでお話ししてきたように、私たちが感じる恐怖や不安は、ほとんどの場合杞憂に終わります。私の場合、大学を中退してもどうにかなりました。ビジネスを始めてすぐは収入もなかったけれど、バイトすれば食べることには困りませんでした。借金まみれになったときは少しだけ焦ったけれど、借金取りに追い立てられることもなく返済できました。

恐怖の97パーセントは幻想でできています。仮に心配したとおりのことが起きたとしても、すべて因果の法則で説明できることです。そのことを知った上で、少しずつ、無理のない範囲で進んでいってほしいと思います。

動き出すきっかけのつかめない人は、こんなワークを試してみてください。
まずは、目標を達成したらどんな生活をしているかを書き出します。
・欲しかった腕時計を買っている
・週に1回は三ツ星レストランで食事をしている
・タワーマンションに住んでいる

次に、いまのまま、行動しないままなら、半年後にどんな未来が待っているのかを書き出します。
会社員でいることに迷っている人なら、
・安月給のまま
・満員電車で仕事に通う毎日
・残業ばかり

フリーランス・経営者としてやっていてうまくいっていないと感じる人は、
・売り上げが上がらない
・家賃が払えない
・家族を養えない
といったところでしょうか。

思い付くままに、こうした内容を最低30項目ずつ書き出します。すると、目標を叶えた場合と、このままで迎える未来とのギャップの大きさがわかると思いま

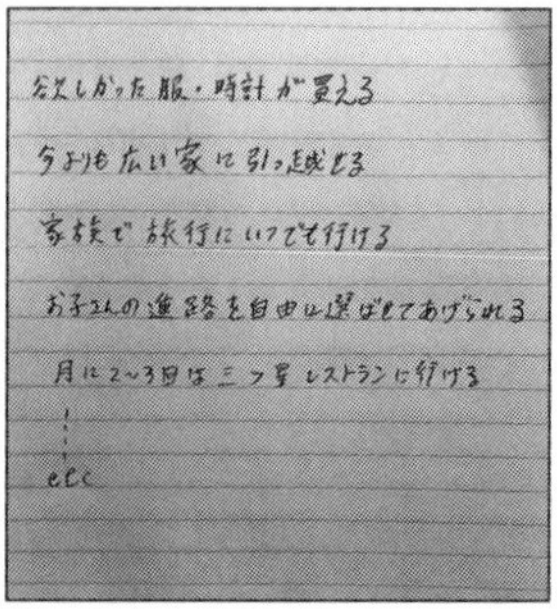
欲しかった服・時計が買える
今よりも広い家に引っ越せる
家族で旅行にいつでも行ける
お子さんの進路を自由に選ばせてあげられる
月に2～3回は三ツ星レストランに行ける
etc

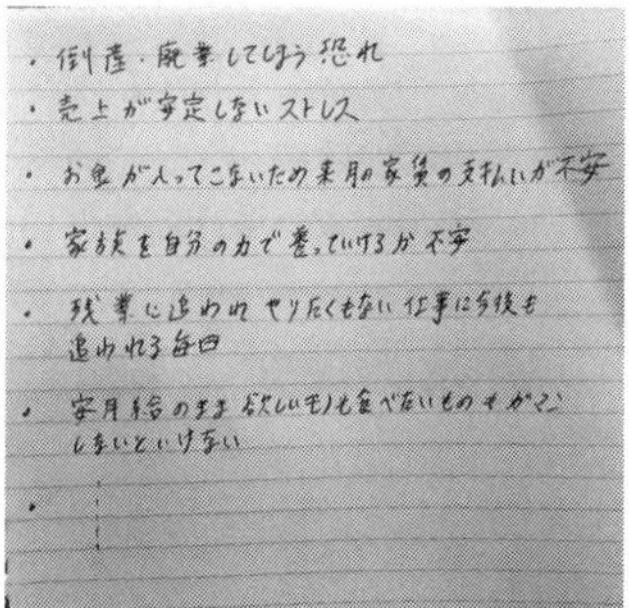
・倒産・廃業してしまう恐れ
・売上が安定しないストレス
・お金が入ってこないため来月の家賃の支払いが不安
・家族を自分の力で養っていけるか不安
・残業に追われやりたくもない仕事に今後も追われる毎日
・安月給のまま欲しいモノも食べたいものもガマンしないといけない

す。それを見て「このままじゃやばいな」と感じることが大切です。人間は理想だけでは動けません。危機感をしっかりと自覚することも大事です。嫌なことを見て見ぬふりするのではなく、しっかりと受け止めましょう。

「明日やろうは馬鹿野郎」

いつ動き出すのか。今日なのか。明日なのか。来週からなのか、来月からなのか、あるいは仕事のプロジェクトが終わってからなのか。

動き出すために大事なのは、「いつ動くか」を決めることです。多いのは、この本を読んでいるのが金曜だとして、「とりあえず土日は休んで月曜からSNSをやってみようか」といったパターンです。

時間が経てば経つほど、いま感じている思いは冷めてしまいます。もし1カ月後にすべて忘れてしまって、またそれまでの生活に文句を言いながらも妥協しながら生きているのであれば、この本をここまで読んだ2時間、3時間は無駄になってしまいます。

「明日やろうは馬鹿やろう」という言葉があります。いまやらなかったら一生やりません。動き出してしまえば、後は勝手に動いていきます。動き出すブロックがいちばん大きい。

いますぐに、動きましょう。まずは1時間だけでもいい。そうして、明日もやってみる。それで3日続けることができたら大成功です。せっかくなので、5日まで続けてみましょう。1週間も続ければ、そこまでにかけた時間がもったいなくて、やめられなくなります。


理論よりもスキルよりも大切なのが、行動です。

2割オブ2割。目の前にチャンスがあるときに、行動できる人が2割。さらにその中で続けることのできる人が2割です。ライバルは勝手にいなくなります。続けるだけで上位4パーセントに入ることができます。日本人で年収1000万円以上の人は4パーセント。これを逆から見れば、行動を継続するだけで年収1000万円には到達できるということです。

私が動き出すきっかけとなったのは、ある人の書籍でした。副業や起業をすすめる本で、会社の給与以外で稼いでいる人が本当にいるのだと驚きました。書かれているノウハウもしっかりしていて、月10万円の副業からでいいというストーリーがリアルでした。単純に「やってみよう」ということではなくて、順を踏んでいけば誰でも成功できるなら自分でもできると思いました。

この本を読んでくださっているみなさんにとって、この本がかつての私が出会った書籍のようになれば幸いです。

いま、ほとんどの人の手元にスマホがあると思います。この本を閉じた後、みなさんは何をしますか？

おわりに

◆会社員として働いていて、動き出したいけれど動けていない人へ

「悩み」を持たない人はいません。その原因も人それぞれです。世界に77億人、日本だけで1億2000万人もいるなかで、絶対に1人は、あなたが解決できる問題で悩んでいます。

「そんなこと、あるだろうか」。本書をここまで読んでいただいたのであれば、そうした考えにはならないはずです。どんな人でも、少なからず人生経験やスキルを持っています。程度の大小はあっても、それは必ず人の役に立つものです。

悩んでいる人の役に立ちたいと考えるのであれば、1秒でも早く動くべきです。「独立準備だ」と本をたくさん買い込む人は、読むことだけで満足してしまいます。結果、半年経っても、1年経っても動きません。「いつか独立を」の「いつか」はいつまでも訪れません。

そうなる前に、見切り発車でもいいから動き出しましょう。何も、明日会社を辞めろということではありません。副業からでもいいし、「自分のコンセプトは何だろうか」と考えるところからでもいい。まずは始めてみましょう。

いいえ、この本を手に取った時点で、「動こう」という意識を持っているはずです。その上でここまで読んでいただいた。それはすでにスタートラインを越えたということかもしれません。

一度スタートしたなら、後ろを振り返っても、横を気にしても仕方ありません。スタートダッシュを決めましょう。仮に途中で転んだとしても気にすることはありません。スタートしないまま、他人が走っていくのを眺めている。そうして不満だけを口にして、走らない理由を考える。そんな未来より、確実に楽しい未来が待っているはずです。

◆すでに独立しているけれど、結果が出なくて不安でいる人へ

「うまくいかない」「どうしたらいいんだろう」「会社員に戻ったほうがいいのかな」そんなことを考えているのかもしれません。

私も昔、うまくいかない時期がありました。お客様は集まらず、バイトで生活費を稼いでいました。そのなかで自分に必要なことを知り、学んでいくことで、少しずつうまくいくようになりました。

その経験からいえるのは、突破口は必ずあるということです。いまは暗闇のトンネルを走っていると感じているでしょうが、トンネルには絶対に出口があります。

出口にたどり着くまでに、いろいろな障害があるのは事実です。それを突破するためには、ノウハウが必要です。才能ではありません。運でもありません。誰でも学べば習得できるノウハウです。

「人生に答えはない」といいます。確かにそうだと思います。「本当の幸せとは何か」と聞かれても、いまのところ答えはわかりません。しかし、ビジネスには答えがあります。ジグソーパズルと同じです。埋めるべき場所にピースを埋めることで、1枚の絵画が完成します。そして、自分の理想の働き方ができたとき、人生の幸せの形も見えてくるのではないかと思います。

みなさん、頑張っているのだと思います。独立してやっているけれど、うまくいかない。しかし、本当にダメならとうの昔にあきらめているはずです。思うようにはいかないけれど、何とかやっている。そうした人が多いのではないでしょうか。

それは最後の1ピースが埋まっていないだけです。どこか1つでもピースが足りなければ、ビジネスの結果である売り上げにはつながりません。最後のピースを埋めさえすれば、一気に上昇気流に乗ることができます。この本にはたくさんのピースを散りばめました。自分に合うピースを探してみてください。

2021年1月

喜多野修次

本書購入者限定！

3大特典プレゼント

本書をご購入・ご愛読いただきました方に、著者より以下の「豪華3大特典」をプレゼント致します。本書と併せて、ぜひご活用いただければと思います。

★特典内容★

特典①
フリーランス・経営者が年商1億円を稼ぐための具体的なロードマップ

特典②
HP不要、オフィスなし、フルリモートでも2年で4億稼いだSNSマーケティング動画講義

特典③
今最も反応の取れるLINE@の具体的な配信マーケティング戦術

★右のQRコードからお申し込みください。
キーワードは「成功テンプレ」とLINE@で一言メッセージをお願いいたします。


本特典の提供は、株式会社SYKが実施します。

販売書店、取扱図書館とは関係ございません。

お問い合わせは、sykmarketing.inc@gmail.comまでお願い致します。

なお、本特典は期間限定ですので、予告なく終了することがありますので、お早めにお申し込みください。

喜多野修次（きたの・しゅうじ）

LINE×SNSを中心としたSNSマーケティング専門家。株式会社SYK代表取締役。横浜国立大学経営学部中退。大学在学中起業しその後、大学を中退。最先端SNSマーケティングを駆使し、集客に悩むコーチ、コンサル、スピリチュアル、パーソナルトレーナーなど日本の専門職の起業家・経営者を指導し、売上を3倍に上げるマーケターとして最前線で活動中。自社でも多種多様な業種のInstagramアカウントを合計数百アカウント以上をプロデュースし一切のコストをかけずに、全くのゼロからたった1ヶ月で2000フォロワー、3ヶ月で5000フォロワーを達成させ、14日間で160人以上の見込み客集客に成功。さらにこれまでのべ2500名以上を指導し中小企業、フリーランスなどにも SNS最先端マーケティングを指導をさせていただき、生徒想いの人柄と実践ベースから生み出された、データやメソッドを駆使し結果を出させることに集中した指導方法を確立。広告代理店、SNS運用代行事業、教育事業など様々なビジネスのプロデュースに携わり現在は最強のマーケッター集団を育成を目指し活動中。著書『SNSで人を集める！やさしいSNSマーケティングの教科書』(総合法令出版)がある。

◎監修　株式会社SYK 代表取締役　山﨑弘章

ＳＮＳで２年《ねん》で４億稼《おくかせ》いだ 儲《もう》かる会社《かいしゃ》の集客論《しゅうきゃくろん》

2021年2月10日　初版発行

著者　喜多野修次
発行者　和田智明
発行所　株式会社 ぱる出版

〒160-0011　東京都新宿区若葉1-9-16
03(3353)2835—代表　03(3353)2826—FAX
03(3353)3679—編集
振替　東京 00100-3-131586
印刷・製本　中央精版印刷(株)

ISBN978-4-8272-1265-5 C0034